Florian Langenscheidt

Langenscheidts
Handbuch
zum
Glück

WILHELM HEYNE VERLAG
MÜNCHEN

Verlagsgruppe Random House FSC® N001967

2. Auflage

Taschenbucherstausgabe 08/2014
Copyright © 2012 by Wilhelm Heyne Verlag, München,
in der Verlagsgruppe Random House GmbH,
Neumarkter Straße 28, 81673 München
Umschlaggestaltung:
Hauptmann und Kompanie Werbeagentur, Zürich, Vivien Heinz,
unter Verwendung einer Illustration von © Getty/Dorling Kindersley
Der Text auf S. 146 wurde entnommen aus einem Interview
mit Doris Dörrie im Magazin *Chrismon*, Ausgabe 10. März 2012.
Redaktion: Therese Meitinger
Layout: Katharina Schweissguth, München
Satz: Schaber Datentechnik, Austria
Druck und Bindung: CPI books, Leck
Printed in Germany
ISBN: 978-3-453-63014-7

www.heyne.de

*Dieses Buch sei Miriam,
Raphael, Leonard,
Charlotte, Amélie und Isabelle
in Liebe zugeeignet.
Ihr seid mein Glück.*

*Zu danken habe ich
Euch und vielen anderen:
Dazu bitte ich einen Blick
in das Kapitel
»Dankbarkeit statt Neid«
zu werfen.*

Inhalt

	Kleine Begrüßung	9
	Aufwärmen	11
I	Vom Sinn des Lebens	23
II	Trotzdem glücklich!	31
III	Glücklich ist, wer das sein will, was er ist	39
IV	Glück wechselt den Blickwinkel	47
V	Die kleinen Momente sind die großen	55
VI	Weniger ist mehr – Glück	63
VII	Das Glück liegt im Jetzt	71
VIII	Glück setzt sich Ziele	79
IX	Glück ist Einstellungssache!	87
X	Erwartungen – optimistisch oder pessimistisch?	95
XI	Macht Arbeit glücklich?	107
XII	Worauf Glück steht	115

XIII	Wohl das Wichtigste – Gesundheit	123
XIV	Glück braucht Freunde	131
XV	Glück wohnt nicht im Tresor	139
XVI	Größtes Unglück, größtes Glück: die Liebe	147
XVII	Das Glück der anderen	155
XVIII	Vom Glück des Verzeihens	165
XIX	Mutter- und Vaterglück	173
XX	Logik hat ihre Reize, reizvoller ist das Leben	185
XXI	Dankbarkeit statt Neid	193
XXII	Beim Glücks-TÜV	203
XXIII	Die dunkle Seite des Glücks	215
XXIV	Auf dem Sterbebett ist es zu spät: Mut zum Glück!	223
	Vertiefen	231
	Abschied (leider!)	235
	Der Glückstest	237

Kleine Begrüßung

WIE SCHÖN, DASS SIE DAS HANDBUCH ZUM GLÜCK *in Händen halten! Das ist pures Glück für mich als Autor. Denn es ist ein Buch für Sie. Zusammen mit Ihnen will es in vierundzwanzig Spaziergängen erkunden, was es mit dem Glück aus allen wesentlichen Perspektiven auf sich hat, und Anregungen geben, wie Sie mehr davon in Ihr Leben lassen.*

Wenn Sie wissen wollen, ob das bei Ihnen klappt, machen Sie doch mal vorab den Test, den Sie hinten im Buch finden: »Wie zufrieden sind Sie mit Ihrem Leben?« Später werde ich Sie bitten, ihn noch mal zu machen. Und dann vergleichen Sie die Ergebnisse!

Sie werden merken: Es ist ein sehr persönliches und auch sehr ehrliches Buch geworden. Für Sie und für mich. Meine Eltern brachten mir eigentlich bei, nicht zu viel über mich selbst zu sprechen. Aber bei meinen Reden über das Glück merkte ich, dass Menschen immer dann gebannt zuhörten, wenn ich über Privates sprach und ganz Persönliches preisgab. Wenn ich erklärte, welche Erlebnisse mich zu meinen Schlussfolgerungen für unser aller Leben führten. Vielleicht geht es Ihnen genauso. Wenn nicht, überspringen Sie »Aus Langenscheidts Leben« einfach und lesen die allgemeinen Texte. Ich wäre Ihnen fast dankbar, fällt mir die Preisgabe doch schwer.

Was bedeutende Zeitgenossen über das Glück sagen, müssen Sie aber bitte lesen. Und wenn Sie einmal wieder am Leben verzweifeln, lernen Sie in jedem zweiten Kapitel eine Art Weltmeister im Trotzdem kennen.

Sie merken, ich halte es mit Jean Paul, der einmal sagte, Bücher seien »nur dickere Briefe an Freunde«. In diesem Sinne: Schreiben Sie mir, wenn Sie mögen, Ihre Meinung zum Buch und zum Glück unter www.florian-langenscheidt.de. Ich freue mich darauf.

Viel Spaß beim Lesen, viel Glück in der Liebe und im Leben!

Aufwärmen

»**GLÜCK TRANSZENDIERT DIE SINNFRAGE.** Wer glücklich ist, fragt nicht, warum.

Glück überwindet jeden objektiven Begriff von Zeit. ›Dem Glücklichen schlägt keine Stunde‹, heißt es bei Schiller. Glück kann nur Sekunden dauern, sich aber als gefühlte Zeit wie eine kleine Ewigkeit ausnehmen; oder es kann Monate andauern und diese wie einen kurzen Augenblick im Himmel erscheinen lassen. Und die Vorfreude weit vor der realen Zeit ist oft schöner als das glückliche Erlebnis selbst.

Glück hängt ganz eng zusammen mit Freiheit und Selbstbestimmtheit.

Es entzieht sich auf magische Weise jedem System, jeder zu direkten Intentionalität. Es kommt und geht und lässt sich nur begrenzt steuern. Da helfen keine Ratgeber, Selbstverwirklichungsseminare oder ›Be happy!‹-Beschwörungen. Es ist manchmal da, wenn wir es gerade gar nicht erwarten, und glänzt durch Abwesenheit, wenn alles nach ihm schreit – an manchem Weihnachtsfest, nach einer bestandenen Prüfung oder selbst während der Flitterwochen.

Jeder von uns kennt das: Man ist so richtig guter Dinge, ohne eigentlich zu wissen, warum. Immer wieder auch merken wir erst im Nachhinein, wie glücklich uns eine bestimmte Situation gemacht hat.

Wir können versuchen, das Glück und das Unglück zu zähmen: Lotterien und Versicherungen leben davon. Nur gelingen wird es uns nicht.

Und Glück lebt vom Unglück. Es braucht den Kontrast. Nur Glück geht nicht. Genauso wenig wie nur Schokolade essen oder immer küssen im Sonnenuntergang.«

Diese Gedanken formulierte ich zum ersten Mal im letzten Jahrtausend in einer Rede an der altehrwürdigen Harvard University und habe sie seitdem in mehr als fünfzig Reden über unser aller Glück wiederholt – mit der Bitte um Kommentar, wenn Zuhörer nicht damit einverstanden seien. Keiner hat sich kritisch gemeldet, und daher sollen diese Überlegungen der – anscheinend allgemein anerkannte – Einstieg in ein Buch sein, in dem ich mehr als dreißig Jahre Nachdenken, Forschen, Lesen und Erleben zum Thema Glück für Sie zusammenfasse. Allerdings nur der Einstieg, denn seit der Rede in Cambridge habe ich sehr viel Neues zum Thema gelernt.

Zum Beispiel zur Frage des Sinns. Viele meinen, allein im Glück – sei es das individuelle oder das möglichst vieler Menschen – könne der Sinn des Lebens liegen. Nur lässt sich das Glück direkt nicht ansteuern. Wir erreichen es oft auf Umwegen. Nicht wer immer nur nach dem eigenen Glück fragt, erreicht es am direktesten, sondern jener, der sich auch um das Glück anderer kümmert. Das seiner Kinder, seiner Eltern, seines Partners, seiner Kollegen, seines Nachbarn oder anderer Menschen, die Hilfe und Zuwendung brauchen. Was für ein schönes Paradoxon!

AUFWÄRMEN

In diesem Sinne liegt nicht der achthundertachtundachtzigste Ratgeber zum Glücklichsein in Ihren Händen. Seien Sie misstrauisch, wenn Ihnen jemand erzählen will, wie Sie ein glücklicher Mensch werden. Das geht nicht mit der Brechstange – genauso wenig wie Liebe, Sex oder das Einschlafen. Natürlich kenne ich all diese Bücher (die besten aktuellen finden Sie in »Vertiefen«), aber gelernt habe ich mehr aus dem Leben. Deswegen werde ich Sie im Folgenden auch nicht mit Zitaten zuschütten. Aber dieses hier ist einfach zu gut, als dass ich es Ihnen vorenthalten könnte:

»Je mehr der Mensch nach Glück jagt, umso mehr verjagt er es auch schon. Um dies zu verstehen, brauchen wir nur das Vorurteil zu überwinden, dass der Mensch im Grunde darauf aus sei, glücklich zu sein; was er in Wirklichkeit will, ist nämlich, einen Grund dazu zu haben. Und hat er einmal einen Grund dazu, dann stellt sich das Glücksgefühl von selbst ein.«

Der Gedankengang stammt von dem Psychiater Viktor Frankl, und er bringt das Dilemma der Glückssuche auf den Punkt. Glück ist kein Osterei. Wir können es nicht einfach suchen gehen. Aber wir können uns selbst und unser Leben so einrichten, dass es gern und immer wieder bei uns vorbeischaut. Und da können wir besonders häufig gemachte Fehler vermeiden. Dieses Buch will dabei helfen.

Trotzdem ist Vorsicht geboten: Die derzeitige Flut der Glücksliteratur und die darin vorherrschende Grundstimmung birgt die Gefahr, zu einer Art Glücksdiktatur zu werden. Ein Nordkorea des positiven Denkens. Das ist grundfalsch, denn vielen Menschen scheint Glück aus verschiedenen Gründen nicht vorrangig wichtig. Der eine pflegt einen gut bayerischen Grant und will ihn sich nicht nehmen lassen. Der andere genießt melancholische Grundstimmungen und will sie nicht für ein gut gelauntes Pfeifen hergeben. Jedem Preußen ist Pflichterfüllung wichtiger als hedonistisches Genießen. Buddhisten bemühen sich, das Streben nach Glück mit all seinen Unwägbarkeiten zu überwinden. Mancher ist lieber unglücklich verliebt als gar nicht. Und Charles de Gaulle fuhr einen Journalisten, der ihn danach fragte, ob er glücklich sei, ungehalten an: »Halten Sie mich für einen Idioten?«

»We are only happy, if we are unhappy«, sagen die Engländer ironisch. Es ist allerdings offensichtlich: In all der kritischen Distanz zum Glück als oberstem Ziel steckt immer ein Glück der höheren Ebene, das ich eben nur im Granteln, Sehnen, Diszipliniert- oder Verliebtsein empfinde. Also doch Glück, nur keines von der Stange und auch nicht eines des einfachen Weges. Wie kann ich – so die zugrunde liegende Annahme – glücklich sein, wenn es das beim Supermarkt gibt? Ich muss es mir schon erkämpfen, sonst ist es nichts wert. Jeder andere Weg ist nicht der meine, und er würde mich nicht glücklich machen.

Die oben skizzierte Glücksdiktatur hat einen weiteren Haken: Was ist mit all den Menschen, die aus guten Gründen wirklich unglücklich sind? Wir wissen spätestens seit Hegel, dass Glück eigentlich nicht im Plan der Schöpfung vorgesehen ist. Leid überwiegt Lust im Leben. Jene Mitmenschen, die davon besonders betroffen sind, belastet es zusätzlich, wenn sie ständig hören müssen, jeder könne glücklich sein, wenn er sich nur bemühe.

Vielleicht ist ja die Suche nach Sinn der elegantere Weg zum Glück. Wie gesagt, im Moment des Glücks stellt sich die Frage der Sinnhaftigkeit nicht mehr. Wir erreichen es möglicherweise am einfachsten durch eben dieses Fragen und den Versuch, die uns angemessenen Antworten zu finden. Der Sinn des Lebens liegt in der Suche nach demselben.

Sinn kann in diesem komplexen Wechselverhältnis zum Glück viel bedeuten. Der lebenskluge Berliner Philosoph Wilhelm Schmid sieht vier Dimensionen:

Der sinnliche Sinn
Könnten wir glücklich sein, wenn wir weder sehen noch hören noch schmecken noch riechen noch empfinden könnten? Nein. Glück geht nicht ohne Sinne, Sinn auch nicht.

Der seelische Sinn
Hier geht es um Freundschaft und um Liebe, um Heimat und Geborgenheit, um Tiere und Natur. Glück vereinsamt ohne all das.

Der geistige Sinn
Denken, deuten, begründen, Zusammenhänge herstellen, Ziele setzen – oft mag uns all das frustrieren und auch unglücklich machen, aber wir können nicht anders und würden unglücklich werden ohne.

Der transzendierende Sinn
Er führt uns aus unserem konkreten Leben heraus und in Religiosität und Spiritualität hinein. Woher kommen wir, wohin gehen wir? Selbst wenn wir ständig an die Grenzen des Wissens und Erkennens stoßen, wir brauchen Sinn auch in diesem Sinne.

Sinnerfahrung und damit Glück können wir nach Schmid in allen vier Dimensionen erfahren. Einer geht auf in raffinierten Kochkünsten, ein anderer im Aufziehen von Kindern. Einer liebt es, mit Reden die Herzen der Menschen zu berühren, ein anderer hat sein Zentrum in der Meditation gefunden. Im Alltag erscheinen alle Sinnerfahrungen interessant, wichtig, herausfordernd oder spannend. Die Amsterdamer Philosophin Beate Rösler löst die Spannung zwischen Glück und Sinn daher im Begriff des gelungenen Lebens auf: Wenn wir mit Menschen, die wir schätzen, Projekte verfolgen würden, die uns wichtig und vielversprechend erschienen, gelänge Leben und entstünde Glück. Meistens übrigens, wenn objektiver und subjektiver Sinn zusammenkommen ... (Rede »Autonomie, Glück und der Sinn des Lebens«, 2011).

Solche Gedanken lassen jeglichen Ansatz zu einer Glücksdiktatur einstürzen wie die Mauer zwischen Ost und West 1989. Trotzdem bleibt die Frage: Was genau ist dann Glück?

In den langen Jahren theoretischer und praktischer Beschäftigung mit dem Thema habe ich viele Definitionsversuche scheitern sehen. Allein schon wegen der absoluten Subjektivität der Ausgestaltung (der eine liebt eben Oper, der andere Fußball – um es auf den Punkt zu bringen) ist das Unterfangen sehr schwierig. Trotzdem hier mein Versuch (offensichtlich meine ich nicht das Glück im Spiel, sondern die Freude an demselben; nicht das Zufallsglück, sondern das innere Lächeln):

Glück – das sind jene besonderen Momente, in denen wir eins sind mit uns selbst, unseren Erwartungen, unserem Tun und unserer Umwelt.

Die vierundzwanzig folgenden Kapitel werden diesen trockenen Satz zum Leben erwecken wie Dünger einen Rosenstock.

Was ich über die Jahre ebenfalls gelernt habe: Jeder muss sein eigenes Glück finden. Es gibt kein objektives. Manche finden das Glück im Weniger, manche im Mehr. Manche in der Stille, manche im Lärm. Manche in der Ordnung, manche im Chaos. Manche im entlegenen Winkel, manche auf der Fifth Avenue.

Und in einer Welt der Handys und des Internets spricht ein Buchtitel vom »Glück der Unerreichbarkeit«.

Mein ältester Sohn fühlte sich in der Pubertät immer genervt, wenn ihn Erwachsene nach seinem Berufswunsch fragten. So antwortete er überraschend auf die Frage, er wolle Fäkaltaucher werden. Ein Drittel der Fragenden sagte daraufhin, er solle sie nicht veralbern, ein weiteres Drittel fragte nach den Ausbildungswegen, und das letzte Drittel murmelte etwas von: »Jeder muss eben seinen eigenen Weg finden«.

Das müssen Eltern verinnerlichen: dass das Glück des Kindes allein entscheidet. Fast immer mischen sich eigene Glücksvorstellungen hinein.

Daher hatte ich auch seit jeher Probleme mit Adornos berühmtem Satz: »Es gibt kein richtiges Leben im falschen.« Wer bitte soll beurteilen, welches Glück das richtige ist und welches das falsche? Sicher, ein Stück weit sind wir immer fremdgesteuert bei der Gestaltung unserer Wünsche und Träume, aber können wir deshalb nur dem Eremiten in der Wüste das »wahre« Glück zugestehen? Manche meinen, der Glaube, man sei glücklich, sei heute an die Stelle des Glücks selbst getreten. Andere reden von der »Endstation totes Glück«. Und natürlich deckt manche Einkaufsorgie nur innere Leere zu. Aber wer kann das von außen schon beurteilen? Ist es das Autowaschen oder der Extremsport, Ikebana oder Gartenarbeit, ein gutes Buch oder *Sex and the City*?

Wichtig ist nur das Sich-eins-Fühlen mit sich selbst, seinen Erwartungen, seinem Tun und seiner Umwelt. Und natürlich die moralische Dimension, denn wer andere oder sich selbst schädigt, kann langfristig nicht glücklich sein.

Neben Einheit und Harmonie tritt ein Paradoxon des Glücks: Wir, die wir vorher gar nicht waren, entstehen aus dem Nichts durch den Akt einer Verschmelzung, treten ins Leben. Erlangen nur dadurch Bewusstsein und ein Ich, das es vorher gar nicht gab. Und kaum ist dieses ausgebildet, will es glücklich sein und nicht nur vegetieren. Da gibt es kein Zurück in die Nichtexistenz. Da ist da, und Leben ist Leben. Nur beim Menschen eben anders als bei anderen Lebewesen: Wir – zumindest, wenn das Überleben gesichert ist – erheben den Anspruch auf Glück. So lange unser Herz schlägt. Hört es damit auf, erlischt er wieder im Nichts. Als sei nichts gewesen.

So richtig glücksbegabt scheinen wir Menschen allerdings nicht zu sein. Glück – das sind Inseln des Lichts im Meer der Routine und des Leids. Das sind Sonnengipfel über verschatteten Ebenen der Mühsal und Angst. Keiner hat ein Recht darauf, nichts ist einklagbar.

Aber wir können es immer wieder schaffen, zum Glück zu finden. Wir müssen es nur zulassen, müssen uns öffnen, müssen es wollen und wagen. Wie die Liebe.

Der Mensch ist, wie wir sehen werden, Weltmeister im Trotzdem. Wir sind umringt von Leid. Haben Verlustängste und lesen schockiert von Vergewaltigung und Säuglingsmord. Sorgen uns um unsere Kinder. Und trotzdem finden wir uns immer wieder in diesen Momenten des Glücks. Manchmal planbar, manchmal nicht.

Manche von uns erscheinen begabter dafür, manche weniger. Ein Glücksgen wurde bei der Entschlüsselung des menschlichen Genoms nicht gefunden, auch wenn bestimmte genetische Dispositionen einige von uns glücksbegabter machen als andere. Aber eines ist in den letzten Jahren klar geworden: Glück ist lernbar. Es mag Menschen geben, die das gar nicht wollen. Die können dieses Buch jetzt getrost weiterschenken. Niemand soll zu seinem Glück gezwungen werden. Freiheit heißt auch, unglücklich sein zu dürfen. Regeln passen nicht zu Glück.

Die meisten von uns jedoch sehnen sich danach. Und können lernen, dem Glück bei sich eine Chance zu geben. Die ersten Schulen haben Module dazu eingeführt. Primär stehen dabei Zielsetzung, Dankbarkeit, Optimismus, Hilfsbereitschaft, Vertrauen in andere Menschen, Leben im Hier und Jetzt und die Fähigkeit, vergeben zu können, auf dem Lehrplan. Das alles wird auch eine wichtige Rolle in dem Buch in Ihren Händen spielen – allerdings nicht auf dem Niveau eines Schulfaches. Und eingedenk der Tatsache, dass Glück bei aller Lernbarkeit auch mit Unwissen zu tun hat. Elsa zerstört das ganze Glück der Liebe zwischen ihr und Lohengrin, weil sie zu viel wissen will. »Lieber ein glückliches Schwein oder ein trauriger Philosoph?« lautet die Frage dazu. Das ist schwer zu akzeptieren in einer Wissensgesellschaft, aber nichtsdestotrotz wahr. Glück ist immer ein wenig geheimnisvoll, unergründlich, unerklärlich.

Nietzsche war es, der klar und deutlich sagte, er wolle nicht alles wissen. Die Weisheit zöge auch der Erkenntnis Grenzen.

Des Volkes Mund sagt, dass Glück vier Gs braucht: Geselligkeit – also Freundschaft, Familie und Liebe –, Geld, Gesundheit und die entsprechende Grundeinstellung. Jeder Welterfahrene weiß, dass Glück trotz häufiger anderslautender Vermutungen relativ wenig zusammenhängt mit Intelligenz, Bildung, Reichtum, Macht, Popularität, Glauben und Attraktivität. Wie viel Glück wohnt bei einfachen Menschen und wie viel Langeweile und Überdruss in goldenen Käfigen! Wie viele Schauspieler und Models geben sich Drogen hin, und wie viele Politiker fallen nach ihrer Karriere in tiefe Löcher! Wie viele unglückliche Akademiker gibt es und wie viele dem Alkohol verfallene Popstars oder Exsportler!

Es ist eine Schlüsselfähigkeit auf dem Weg zum Glück, immer wieder zu hinterfragen, was wir wirklich dazu brauchen. Vieles vermeintlich Wichtige erweist sich als absolut entbehrlich, und vieles, das wir vielleicht kaum wahrnehmen, als extrem bedeutsam. Horchen wir genau in uns hinein und lassen uns von niemandem etwas aufschwatzen! Jeder von uns weiß selbst am besten, was wirklich wichtig ist. Nur eines stimmt dabei fast immer: Weniger ist mehr. Wir brauchen nicht so viel fürs Glück, wie uns eingeredet wird. »Glücklich ist, wer das sein will, was er ist« lautet ein Kernsatz dieses Buches – wir verdanken ihn Erasmus von Rotterdam.

Glück und Wetter haben viel gemeinsam. Es wirkt so, als seien sie vorgegeben, tatsächlich sind sie es jedoch nicht. Denn Nebel und Regen können uns deprimieren, aber wir können sie auch als Chance für gemütliche Nachmittage bei Kerzenlicht und Tee sehen. Die äußere Wirklichkeit macht uns immer nur Vorgaben – was wir daraus machen, liegt einzig und allein bei uns. Oder anders gesagt: Wir haben das Wetter selbst nicht in der Hand, aber unsere Haltung dazu schon. Und was ist das Äußere, das wir aus dem Wetterbericht kennen, dann noch? »Singing in the Rain« ist das Lied zu dieser Erkenntnis.

Und noch eine Parallele zwischen Glück und Wetter: Die Landschaft ist dieselbe, ob ich bei Nieselregen oder bei Sonnenschein durch sie gehe. Aber trotzdem ist alles anders. So ist das auch mit dem Leben. Das des Glücksfähigen ist ein Sonnenspaziergang, das des Glücksunfähigen ein Hasten durch Nebel und Regen. Die äußeren Umstände mögen sich durchaus ähneln, das Gefühl dabei könnte nicht unterschiedlicher sein.

Wittgenstein stellte zutreffend fest, die Welt des Glücklichen sei eine andere als die des Unglücklichen. Dabei leben doch beide in derselben.

Nehmen wir Extremsituationen wie Hunger, Obdachlosigkeit, das Erleiden von Gewalt oder starke Schmerzen aus, sind wir selbst verantwortlich für unser Glück. Das müssen wir tief verinnerlichen und uns dann auch trauen, es zu leben. Der Dalai Lama sagt, das Glück sei in unserem Bauch. Eine deutsche Redewendung meint, jeder sei seines Glückes Schmied. Und Plutarch formulierte: »Kein Unglück trifft dein Herz, machst du es nicht dazu.«

Wir sind Täter, nicht Opfer. Wir haben unser Leben – zum größten Teil – in der Hand. Wir sollten für unser Glück oder Unglück nicht andere verantwortlich machen, sondern uns selbst. Weder der Ehepartner noch das Geld noch der Chef noch das Wetter sind schuld, sondern wir. Und selbst wenn das Schicksal so schmerzhaft zuschlägt, dass wir uns fragen, warum gerade bei uns, haben wir die Fähigkeit, das Beste daraus zu machen. Wie gesagt: Der Mensch ist Weltmeister im Trotzdem. Wenn er will.

Dabei ist der Wechsel zwischen Schönem und Schlimmem wohl menschengegeben. »Nur Glück geht nicht«, schrieb ich eingangs. In den antiken Mythen würde ewiges Glück den Neid der Götter heraufbeschwören. Und wer würde schon sein persönliches, wechselhaftes und volles Leben gegen das eines Genmutanten tauschen wollen, der stets nur lächelt? Die Szenarien immerwährenden Glücks, die wir aus der Science Fiction kennen, sind Horrorvisionen. Leid gehört zum Leben wie der Tod. Der Auftritt auf der Bühne des Lebens ist mit Schmerzen behaftet und der Abgang oft auch. Aus negativen Erfahrungen lernen wir mehr als aus positiven. Und Deutschlands wichtigster Philosoph der Gegenwart, Peter Sloterdijk, zeigt in seiner Rede »Glück und Unglück im Zeitalter der permanenten Renaissance« auf das Beeindruckendste, wie Reichtümer und Infektionen gemeinsam in unsere Welt kamen. Wie das Heilbringende zugleich den Tod bringt, bringen die neuen Genüsse auch die Pest.

Aber die Untrennbarkeit von Elend und Euphorie sollte uns nicht daran hindern, das Schöne am Leben so intensiv wie möglich wahrzunehmen, zu würdigen, zu feiern und dafür zu danken! Allein schon deshalb, um daraus die Energie zu ziehen, die wir brauchen, um gemeinsam das Leid dieser Welt zu bekämpfen!

So, sind Sie aufgewärmt? Kann es losgehen? In 24 Spaziergängen werden wir die Welt des Glücks erforschen. Aber nicht wie bei einem Adventskalender, denn da findet man jeden Tag immer nur Schokolade oder ein Bildchen. Nein, so vielfältig das Leben ist, so unterschiedlich wir alle sind, so komplex stellt sich Glück dar.

Vom Sinn des Lebens

WOZU DIE GANZE MÜHE VON FRÜH BIS SPÄT? Warum Politik, Moral, Recht, Medizin? Worin liegt der Sinn aller Existenz – wenn nicht im Glück? Ob kurz- oder langfristig gesehen, ob aus der Sicht des Individuums oder im Sinne der Allgemeinheit, welche Leitschnur des Handelns, Denkens und Wertens bleibt uns, wenn nicht die des »summum optimum«, »the greatest happiness of all«?

Hier muss das Zentrum allen Strebens liegen, der Maßstab zur Bewertung, ob wir das Richtige tun in der uns vergönnten Zeit. Macht dieser Krieg die Menschen langfristig wirklich glücklicher, vermehrt jene gentechnologische Möglichkeit mit ihren Chancen und Risiken das Glückspotenzial von uns allen, oder gefährdet sie es eher? Wie sonst, wenn nicht mit diesen Fragen, sollen wir die schwierigen ethischen Dilemmata des Lebens lösen? Was sonst kann Ziel unserer Urteile und Handlungen sein?

Trotzdem nimmt die Frage nach dem Glück eigenartig wenig Raum ein in unserer Welt. Woran mag das liegen?

Wir sind gestresst, abgelenkt von Details, rennen im Hamsterrad des Alltags herum und hören nicht mehr auf unsere innere Stimme.

Die Werbung um uns herum entwertet den Glücksbegriff. Sie bombardiert uns mit derart vielen Abziehbildern kleinen und großen Glücks, dass wir Ernsthaften uns mit Schauder abwenden und lieber nichts mehr von alldem wissen wollen. Was kann das für ein Glück sein, wenn es durch saubere Wäsche, ein neues Auto oder eine gute Margarine auf dem Frühstückstisch in Sekunden auf unsere Gesichter zu zaubern ist?

So setzt allein die Beschäftigung mit dem Thema Glück heftig dem Vorwurf der Oberflächlichkeit und Blauäugigkeit aus. Welcher tiefe Geist kann denn angesichts der Not dieser Welt auch nur von »Glück« sprechen? Ist es nicht offensichtlich, dass wir Menschen gar nicht für das Glück gemacht sind? Und wenn es sich doch einmal einstellt, dann eher unbeabsichtigt und nur kurzfristig ...

Das ist die Position der Intellektuellen. Und sie scheint uns alle mitzureißen, auch wenn hier eigentlich eine gehörige Portion Skepsis angebracht wäre. Denn liegt es nicht auf der Hand, warum Intellektuelle die Stirn runzeln, wenn sie das Wort »Glück« auch nur hören? Psychologen wären ihrer Arbeit beraubt, würde die Vision vom allgemeinen Glück wahr – denn welcher Glückliche würde ihre Praxis aufsuchen? Journalisten müssen Glück langweilig finden, denn »only bad news are good news«. Autoren schreiben weitaus lieber von einer zerbrochenen oder unmöglichen Liebe als von einer gelungenen. Kulturelle Höchstleistungen allgemein – so hat uns schon Freud klarzumachen versucht – können nur auf Triebverzicht, Sublimierung und Unterdrückung des Lustprinzips beruhen.

Glück – nur Unsensible können angesichts des Zustandes unserer Welt so etwas empfinden. So denken Intellektuelle verschiedenster Provenienz.

VOM SINN DES LEBENS

Und die Philosophen? Immerhin suchen sie professionell nach dem Sinn des Lebens und erkunden die Bedeutung unseres Seins. Cicero gab vor: »Die Untersuchung des glücklichen Lebens ist der einzige Gegenstand, den sich die Philosophie zum Zweck und Ziel setzen muss.«

In der Tat: Die Zahl der Versuche und Traktate ist beeindruckend. Epikur, Plato und Aristoteles, Locke und Diderot, Lao-Tse und Konfuzius, Kant, Feuerbach, Schopenhauer und Nietzsche, Bentham und Mill, Marcuse, Adorno, Russell, Bloch und Watzlawick – sie alle haben sich mit dem Thema auseinandergesetzt. Thomas von Aquin hat darüber meditiert und Hegel befand, dass die Perioden des Glücks bloß leere Blätter in der Weltgeschichte seien. Nur stellt sich nach der Lektüre all des Gedachten das unangenehme Gefühl ein, nicht wirklich erhellt worden zu sein. Der eine geht zu idealistisch an unser aller Hauptziel heran, der andere rein materialistisch. Der eine versucht es mechanisch-mathematisch, der andere nur mystisch. Mancher isoliert den Einzelnen und glaubt, Glück könne man mit purem Egoismus erreichen, ein anderer sieht »the conquest of happiness« als planbare Massenbewegung. Es ist wirklich eigenartig, aber jeder dieser großen Geister testet seine spezifische Weltsicht an einem Objekt, das diese aufgrund seiner Komplexität scheitern lassen muss und ihre ideologische Verengung offenlegt. Ob solch verhängnisvolle Tunnelsicht an mangelnder Erfahrungsbreite der Philosophen liegt oder ob einfach rechte Hirnhälfte, Intuition und Bauchgefühl ausgeschaltet wurden, ist schwer zu beurteilen. Vielleicht wären wir weitergekommen, hätten mehr Frauen über das Thema geschrieben.

Das Wichtigste ist nun aber: Wir dürfen die geschilderte zentrale Bedeutung des Glücks für unser Denken, Werten und

Handeln nicht aus den Augen verlieren wegen all der aufgelisteten Vorurteile und Befangenheiten einflussreicher Intellektueller. Sie haben viel geleistet auf anderem Gebiet – zur Erforschung des menschlichen Glücks haben sie wenig beigetragen.

Immer wieder sollten wir uns die Frage nach dem Glück stellen, nicht stündlich, aber vielleicht einmal morgens und einmal abends, wie beim Zähneputzen. Wir sind unendlich bemüht, gute Söhne oder Töchter zu sein, gute Eltern, gute Mitarbeiter/-innen, Freunde/-innen, Nachbarn/-innen. Alles wichtig. Aber am wichtigsten ist und bleibt die Frage, ob all das den Menschen um uns herum und uns selbst zum Glück gereicht. Routinen schleifen sich so schnell ein, Dinge werden zur Gewohnheit. Der Sinn dahinter verblasst, leise stellt sich die Frage nach dem Warum. Stellen wir sie laut – und beantworten wir sie zumindest auch danach, ob das Handeln uns oder andere glücklich macht. Jetzt oder später, aber jedenfalls glücklicher! Wir haben es uns verdient!

Ähnliches gilt für die Politik. Es muss ja nicht gleich ein Ministerium für Glück geben, doch jede politische Entscheidung sollte daraufhin geprüft werden, ob sie das Glück der Menschen befördert. Diese Perspektive entlarvt vieles als Aktionismus und zeigt gleichzeitig die Leerstellen zeitgenössischer Politik auf. Welcher Politiker und welche Politikerin traut sich schon, in Reden darüber zu sprechen, inwieweit er oder sie das Leben der Wähler und Wählerinnen glücklicher machen wird? Man zählt auf, was alles geschehen müsse, aber vergisst zu sagen und zu denken, warum. Die Frage nach dem Glück würde manches Mal die Fenster der politischen Hinterzimmer öffnen und die Luft des Lebens und Alltags hereinlassen.

Eckart von Hirschhausen formuliert wunderbar: »Wenn du das Glück wärest, würdest du gerne bei dir vorbeischauen?«

VOM SINN DES LEBENS

Leben, denken und fühlen wir so, dass das Glück sich mit Wonne breitmachen würde bei uns. Fragen wir immer wieder trotz aller Grenzen, was uns guttut! Haben wir den Mut, unser Leben, soweit es geht, so zu führen, wie es uns selbst beglückt (vgl. das Kapitel »Auf dem Sterbebett ist es zu spät: Mut zum Glück!«).

Viele scheinen auf die klassische »Wie geht's«-Frage fast bedauernd zu sagen: »Kann nicht klagen.«

WAS HAT SICH NOCH NIE EINER AUF DEM STERBEBETT GEWÜNSCHT? »ACH, HÄTTE ICH DOCH MEHR ZEIT IM BÜRO VERBRACHT.«

Das reicht nicht! Entweder laut klagen und verändern – oder begeistert sagen, wie gut es einem geht und wie glücklich einen Kinder, Liebe, Beruf, Ehrenamt, Hobby oder was auch immer machen! Oder dies zumindest leise lächelnd denken …

P.S. Was dabei hilft, sind kleine Glücksrituale. Sie geben dieser Grundhaltung täglich Hilfestellung. Glück besteht zum einen aus Überraschung, Zufall, Einzigartigkeit und Den-Atem-Anhalten, aber genauso aus Voraussehbarkeit, Vorfreude und Wiederholung. Kleine Dinge, die konstant guttun, ermuntern uns, Großes kritisch anzugehen. Ob es der Latte macchiato am Morgen ist oder der Vanilletee am späten Nachmittag, der tägliche Wettbewerb, wer wem zuerst nach dem Aufwachen »Ich liebe dich« sagt, oder das abendliche Herumrennen mit dem Hund im nahe gelegenen Park – oft ist Glück banal.

Aus
Langenscheidts Leben

>> *Die Suche nach Sinn und Glück prägt mein gesamtes bisheriges Leben. Zwei kleine Episoden mögen das erläutern:*

Rückblick 1: In der Pubertät war ich das Unglück selbst. Ich fand mich hässlich mit meiner Akne und meiner klobigen Kunststoffbrille. Und nachdem ich zur Konfirmation von Igelfrisur auf Scheitel umstellen musste, sah ich überdies aus wie ein Buchhalter. Ich haderte mit mir und dem Leben und versteckte all das hinter einer gewissen intellektuellen Arroganz. Ständig las ich Nietzsche und Schopenhauer – einerseits um zu beeindrucken, andererseits aber auch aus echtem philosophischen Interesse heraus. Warum leben wir? Was ist der Sinn? Wie kann Leben gelingen? Das fragte ich mich ständig – und fand manche Antwort in den Werken der Meister.

Was also wollte ich studieren? Philosophie. Und was werden? Philosophieprofessor. Und was interessierte mich am meisten an Moral, Erkenntnistheorie und Ästhetik? Der Sinn allen Seins und das Glück.

Da mich die meisten Texte zum Thema nicht befriedigten, gründete ich mit einem Freund das Institut für angewandte Glücksforschung. Wir wollten wissen, warum sich Menschen so schwertun mit dem Glücklichsein, was sie überhaupt glücklich macht und wie man die Welt zu einer glücklicheren machen könnte.

Sie merken, mit dem Glück hatte ich es immer – wenn auch damals aus einer Perspektive des persönlichen Unglücks heraus.

Rückblick 2: 1989, Fall der Mauer in Deutschland. Ich hatte Philosophie, Literatur und Publizistik zu Ende studiert, über Werbung – das Glücksversprechen überhaupt – promoviert, war in die USA ge-

gangen, hatte Management gelernt, war Buchverleger geworden und zweifacher Vater.

Ich hatte durch die Auseinandersetzung mit dem Thema Glück über die Jahre das meine gefunden. Es war ein langer Weg, aber jeder Schritt lohnte sich. Was stand auf einer Zeichnung, die mir mein ältester Sohn einmal schenkte? »Wege entstehen, indem man sie geht.«

Aufgrund der persönlichen Beschäftigung mit der Suche nach Glück war ich sogar in der Lage, kleine Bücher zu dem Thema zu verfassen und damit anderen Menschen ein wenig Glück zu schenken.

Irgendwann gelangte die amerikanische Ausgabe eines dieser Bücher – Glück hängt auch mit schönen Fügungen zusammen – in die Hände einer Harvard-Professorin. Die wohl bekannteste Universität der Welt wurde damals geleitet vom berühmt-berüchtigten Larry Summers. Er beobachtete zu seinem Erschrecken, dass der Leistungsdruck im Undergraduatebereich zwischen achtzehn und zweiundzwanzig Jahren zu unerträglich starkem Wettbewerb zwischen den Studenten führte. Statt die schönsten Jahre des Lebens zu genießen, arbeiteten die Studenten noch um vier Uhr nachts in ihren kleinen Zimmern. Die Selbstmordrate war hoch. Summers gab das Motto aus: »We have to make Harvard a happier place.« Neben allem notwendigen Leistungsdruck sollte das Glück nicht zu kurz kommen. Also lud man Denker aus der ganzen Welt ein, über Glück und den Umgang damit auf ihrem jeweiligen Kontinent zu reden.

Dass ich dabei Europa vertreten durfte, war einer der schönsten Momente meines Lebens. Sowohl das Reden über das Thema, das mir so sehr am Herzen lag und zu dem ich so viel zu sagen hatte, als auch die Diskussion mit den wohl klügsten Studentinnen und Studenten aus der ganzen Welt nahmen mir den Atem.

Als die Rede mit anderen Beiträgen unter dem Titel »Von Liebe, Freundschaft und Glück« zu meinem fünfzigsten Geburtstag erschien, war ein schöneres Geschenk für mich nicht vorstellbar.

Die vielfältigen Reaktionen darauf ermutigten mich weiterzumachen in meiner lebenslangen Auseinandersetzung mit dem Glück. Nun endlich kann ich all meine Gedanken und Erfahrungen über das Glück in einem großen Handbuch niederlegen. Sie halten es in Ihren Händen. «

ROCKSÄNGER PETER MAFFAY
... über das Glück

Haben Sie einen ganz persönlichen Tipp fürs Glücklichsein?
Sich reduzieren auf das Wesentliche.
Was ist ein besonderer Glücksmoment für Sie?
Wenn jemand, der mir nahesteht, sagt: »Ich vermisse Dich!«
Was im Leben macht Sie besonders glücklich?
Meine Familie, unsere Welt, mein Beruf als Musiker.
Haben Sie bestimmte kleine Glücksrituale in Ihrem Leben?
Die Zeit zu nützen, die man hat, und beten.

Trotzdem glücklich!

WIE HAT MICH DAS IMMER GENERVT! Man hatte als Kind eine Verletzung oder Krankheit oder Seelenschmerz – und ein Erwachsener musste so klug sein, einen darauf hinzuweisen, dass es weit schlimmer hätte kommen können oder dass irgendjemand sonst es viel schlimmer habe. Das ist die Umkehr des Neids, der schon genug Unglück über die Menschheit bringt: Im Neid freue ich mich nicht mehr über ein Geschenk, weil mein Bruder ein größeres bekommt. Hier soll ich mich wohl meines Schmerzes freuen, nur weil es jemand anderen noch schlimmer getroffen hat.

Es ist nervig, wenn andere einem wohlmeinend so etwas aufdrängen. Sagt man es sich aber selbst, ist es die beste und stärkste Medizin gegen das kleine Unglück.

Man kann sich über so vieles beklagen und an so vielem leiden – aber vergleicht man sein normales Maß an Unglück mit dem von Menschen, die großes Unglück getroffen hat, hilft das enorm, die Dinge ins rechte Licht zu rücken. Ich zumindest empfinde mich dann fast als klein mit meinen Klagen und sehe sie schnell als larmoyante Übertreibung. Wenn jemand mit der Amputation eines Beines, mit einer Lähmung, mit dem Verlust eines Kindes oder mit einer unheilbaren Krankheit halbwegs leben kann, was für ein Recht habe ich, mich wegen irgendeiner Kleinigkeit bei der Schicksalsbehörde zu beschweren und mir die Stimmung verderben zu lassen? Wie weinerlich, wie unreif, wie unfair auch gegenüber denen, die vom Schicksal wirklich hart getroffen wurden. Fast schäme ich mich in solchen Momenten und rufe mir schnell zu: »Reiß dich zusammen!«

Der Vergleich mit dem viel Schlimmeren relativiert und tröstet.

Was uns besonders beschämt und alle verfügbaren Hüte ziehen lässt, sind Menschen, die trotz schrecklicher Schicksalsschläge ihren Optimismus behalten oder sogar verstärken, indem sie sich neues Glück auf anderen Ebenen erschließen. Dann erst kommt die Fähigkeit zum Glück zu sich, gewinnt beeindruckende Statur und verdient allen Respekt. Glücklich sein, wenn es einem relativ gut geht, kann eigentlich fast jeder – wenn es auch, darum dieses Buch, trotzdem viele nicht schaffen. Aber im Gegenwind und unter Extrembedingungen glücklich zu sein und das Leben genießen zu können, ist eine Leistung, die zu Recht stolz machen kann: die hohe Schule des Glücks, das Lachen auf der Krebsstation.

»Schicksal als Chance« – unter diesem Thema moderierte ich einmal eine Talkshow. Es wurden nur Menschen eingeladen, die mehrfach Krebs oder andere heimtückische Krankheiten überwunden hatten. Alle berichteten übereinstimmend, sie würden ihr Leben seitdem weitaus bewusster und dankbarer leben und seien letztlich sogar glücklicher als vorher.

Glück existiert auf dieser Welt leider oft nur in der Kategorie des Trotzdem. Kinder verhungern und verdursten, Epidemien raffen Hunderttausende dahin, Naturkatastrophen verwüsten

TROTZDEM GLÜCKLICH!

ganze Länder und lassen Millionen ohne Dach über dem Kopf zurück. Kindern werden Füße und Hände durch Landminen abgerissen, zwölfjährige Mädchen zur Prostitution gezwungen, Jungs verstümmelt, damit sie als Bettler mehr einnehmen. Dazu kommen all die persönlichen Katastrophen vom Verlust eines Kindes über Multiple Sklerose bis zum gebrochenen Halswirbel durch einen Sprung in zu flaches Wasser. Allein in Deutschland hören mehr als fünf Eltern pro Tag von einem Arzt die Diagnose: »Ihr Kind hat Krebs.« Und dann all die wirtschaftlichen Nackenschläge vom Verlust des Arbeitsplatzes über die Privatinsolvenz bis zum Konkurs der mit so viel Herzblut aufgebauten Firma ...

Gesundes und stabiles Leben ist eine gefährdete Spezies.

Und trotzdem schaffen es die Menschen, dem Schicksal Inseln des Glücks abzuringen. Aber eben »trotz dem«. Und die Geschichten dahinter sind es, die uns rühren und Beispiel geben. Der Mensch ist Weltmeister im Trotzdem.

Unsere ganze Erziehung ist geprägt davon: Mach dir keine Sorgen, sei nicht wehleidig, das geht schon wieder vorbei, ein Indianer kennt keinen Schmerz, Heile, heile, Segen, morgen gibt es Regen, übermorgen Sonnenschein ... Über Jahre hinweg senden wir solche Botschaften, weil wir selbst damit gut fuhren und unsere Spezies wohl nur so überleben kann. Und in vergangenen Epochen ging es wesentlich härter zur Sache: Stell dich nicht so an, beiß die Zähne zusammen, jetzt übertreib mal nicht, was einen nicht umbringt, macht einen stärker – so musste man sich da zwangsläufig zurufen.

Das ist zu Recht die Botschaft der Erziehung: Du wirst das schon schaffen, das geht wieder vorbei. Sie schenkt uns in unterschiedlicher Ausprägung eine großartige Fähigkeit, mit Krisen umzugehen. Jeder von uns erlebt kleine und große, und würden wir jedes Mal die Flinte ins Korn werfen, wären wir nicht lebensfähig. Deshalb sind ausschließlich gute Nachrichten wohl auch so langweilig. *Nur* Glück gibt es nicht – und wir würden es wohl auch nicht wollen.

Vor Jahren gab ich unter dem Titel *Bei uns zu Hause* einmal ein – inzwischen leider vergriffenes – Buch darüber heraus, wie große Persönlichkeiten zu dem wurden, was sie sind. Und was kam heraus? Die meisten wuchsen nicht in wohlbehüteten Haushalten auf, sondern mussten sich durchbeißen. Sie wurden eher trotz ihrer Kindheit zu dem, was sie sind, als deswegen.

Bei einem Managementkongress in der Schweiz über Glück und Optimismus sollten die Teilnehmer ganz besondere eigene Glücksmomente aufschreiben. René F. Maeder vom Waldhotel Doldenhorn fand seine Gedanken zu persönlich und mailte sie mir später:

»Den Inbegriff des absoluten, vollkommenen Glückes habe ich erlebt, als nach einer Totgeburt, einer Fehlgeburt, und nach dem Tode unserer kleinen Tochter (wir hatten unseren Kinderwunsch bereits aufgegeben) uns doch noch ein Sohn geschenkt wurde.

Ich habe in meinem Leben nie mehr ein so unbeschreibliches tiefes befriedigendes Glücksgefühl gehabt wie damals, als ich dieses kleine blutverschmierte Lebewesen in meinen Armen hielt und unter großem Tränenfluss seiner Mutter brachte, wie sie aus der Narkose erwachte. Meine Frau war so erschrocken, dass ich weinte, als sie mich mit dem kleinen Bub sah, dass sie dachte, das Schicksal hätte wohl erneut zugeschlagen. Heute ist unser Sohn Patric Emanuel einundzwanzig Jahre alt und macht uns immer noch große Freude. Mein Glücksgefühl damals äußerte sich so, dass ich nach Hause ging (unser Hotel hatte Betriebsferien) und ich das Lied ›Dank sei Dir, Herr, Du hast Dein Volk geführt‹ auf allen Lautsprechern im Hotel in voller Lautstärke abgespielt habe, dass selbst die Waldmäuse, die im November ihr Winterquartier in unserem Haus einrichten wollten, das Weite suchten.«

In all seiner unvollkommenen Direktheit illustriert dieser kurze Text unsere Fähigkeit zum Trotzdem auf beeindruckende Weise.

Was alle vier Jahre auf ganz besondere Weise das Trotzdem feiert, sind die Paralympics. Es macht sprachlos, wie Gelähmte und Einbeinige Volleyball vom Boden aus spielen, wie ein Schwimmer mit seinem einen Bein ins Publikum winkt oder wie Rollstuhlfahrer Rugby spielen.

Grundeinstellung und Stärke zeigen sich wie so häufig im Humor. Als die beinlosen Dressurreiterinnen des deutschen Teams nach dem langen Flug von Peking nach Frankfurt 2008 aus dem Flugzeug kamen und von Journalisten gefragt wurden, wie alles lief, sagte eine:

> »WIR KÖNNEN DEN WIND NICHT ÄNDERN, ABER WIR KÖNNEN DIE SEGEL RICHTIG SETZEN.«
> ARISTOTELES

»Na, unsere Kollegen von den anderen Olympischen Spielen haben sich ja kürzlich über die mangelnde Beinfreiheit im Jet beschwert. Wir hatten da keine Probleme.«

Im 18. Jahrhundert diskutierten Philosophen wie Leibniz oder Voltaire die Frage, ob wir in der besten aller möglichen Welten leben. Jene, die tendenziell glaubten, dass unser Leben eine Art Optimum darstelle, waren frühe Optimisten. Die anderen sahen überall Sünde, Elend und Böses und wetterten, einen Gott, der so etwas zulasse, dürfe es nicht geben. Ihr Pessimismus fand schreckliche Bestätigung im Erdbeben von Lissabon 1755, einer Naturkatastrophe biblischen Ausmaßes, vergleichbar mit dem Tsunami am Anfang unseres Jahrhunderts. Schaut man sich die Faktenlage an, haben Pessimisten wohl häufiger recht als Optimisten. Aber will man das? Die großen Meister des Trotzdems um uns herum zeigen den Weg, wie mit all dem Horror in dieser Welt umzugehen ist.

Zum Abschluss in aller Kürze die Geschichte jenes Mannes, der für viele eine Art Marco Polo des beginnenden 21. Jahrhunderts darstellt – in virtuellen Welten: Steve Jobs. Seine Eltern waren Studenten, die sich ein Kind nicht leisten konnten. Sie gaben ihn zur Adoption frei. Die Adoptiveltern gaben ihm seinen Namen. Er gründete Apple und machte den Computer schön, sexy, mobil, robust und menschenfreundlich. Bei einer großen Krise der Firma wurde er hinausgedrängt und verlor so, was ihm lieb und teuer war. Aus der Verzweiflung heraus gründete er das innovative Filmstudio Pixar. Zurückgeholt zu Apple definierte er unseren Umgang mit Musik und unsere mobile Verbindung zu anderen Menschen neu. Er selbst, Vegetarier und Buddhist, bekam Bauchspeicheldrüsenkrebs und dachte, er hätte nur noch Wochen zu leben. Doch es war eine sehr seltene Art, die heilbar schien. Jobs kehrte nach schwieriger Therapie zurück zu Apple und schrieb wieder Geschichte: dieses Mal für unseren mobilen Zugang zu allen Daten der Welt. Doch der Krebs kam zurück – und gewann.

Steve Jobs ist zum Symbol geworden für das Leben im Trotzdem. Seine Adoptiveltern hätten ihn auch »Jetzt erst recht!« nennen können.

TROTZDEM GLÜCKLICH!

Aus
Langenscheidts Leben

>> *Da es in diesem Kapitel darum geht, wie bewundernswert Menschen trotz trauriger Schicksalsschläge ihr Glück finden können, kann ich mich nicht einmal am hintersten Rand des Bildes einreihen. Es gab bei mir wie bei den meisten Menschen sicher den Moment, als ich überhaupt nicht mehr wusste, warum und wie es weitergehen sollte, und drei befreundete Ärzte fragte, ob sie mir nicht ein kleines Pillenpaket geben könnten. Es gab Erlebnisse, deren Traurigkeit meine Sicht aufs Leben nachhaltig änderte und mir viel Unbefangenheit nahm und die mich nach wie vor in meinen Träumen verfolgen. Aber das ist nichts gegenüber dem, was andere Menschen zu erleiden haben oder hatten.*

Deshalb möchte ich ihnen in diesem Buch kleine Bühnen bauen, denn sie können Leitbild sein und unsere alltäglichen Sorgen klein erscheinen lassen. Sie zeigen, wie man trotz härtester Nackenschläge des Schicksals ein neues Leben und eine neue Bewusstheit entwickeln und dass Glück unter vielen Lebensumständen gedeihen kann. Man selbst fühlt sich angesichts dieser Persönlichkeiten schnell ganz klein mit seinen Problemen und fast weinerlich, wenn sie einen aus der Bahn werfen können.

Meister im Trotzdem sind alle diese Menschen, Champions im Sich-nicht-unterkriegen-Lassen. Wenn Sie mal wieder am Leben verzweifeln, lesen Sie eine von den ganz kurzen Lebensgeschichten in jedem zweiten Kapitel! Glücksmedizin pur.

P.S.: Alle drei Ärzte sagten übrigens mit unterschiedlichen Worten das Gleiche: Sie dürften mir Pillen für einen Freitod allein des Eides des Hippokrates wegen nicht geben. Sie würden es aber auch sonst nicht tun. Denn zu oft hätten sie erlebt, dass Menschen absolut verzweifelt gewesen seien und keinen Weg mehr vor sich gesehen hätten. Aus der momentanen Not heraus würden sie, hätten die Pillen im Nachttisch gelegen, diese wohl sofort genommen haben, und alles wäre zu Ende gewesen. Nur kurze Zeit nach der großen Krise hätten sie sich aber neu arrangiert mit dem Schicksal oder ihrer veränderten Lebenssituation und neues Glück gefunden. Der Mensch habe diesbezüglich erstaunliche Fähigkeiten. Weltmeister im Trotzdem eben ...«

Wenn Sie mal wieder am Leben verzweifeln, denken Sie an
... KIRSTEN BRUHN

Sie errang Gold bei den Paralympics in Peking im 100-Meter-Brustschwimmen. Ein Satz von ihr reicht, um ihre Weisheit zu zeigen, von der wir alle lernen können. Kurz nach den Paralympischen Spielen fuhr sie in ihrem Rollstuhl auf die Bühne und formulierte in etwa so:

»Es ist schon paradox, dass der schlimmste Moment meines Lebens (der Motorradunfall mit einundzwanzig, der sie in den Rollstuhl zwang – Anmerkung des Verfassers) in gewisser Weise die Grundlage ist für den schönsten – das Erringen der Goldmedaille.« Schöner kann man das Ineinander von Tragik und Triumph, von Elend und Glück nicht zum Ausdruck bringen. Gold nicht nur fürs Schwimmen, sondern auch für Erkenntnis und die Fähigkeit zum Trotzdem!

»Glücklich ist, wer das sein will, was er ist«

SCHÖN GESAGT VON ERASMUS VON ROTTERDAM, nur muss man erst mal wissen, wer und was man ist.

Bei körperlichen Schwächen ist es noch ganz einfach. Der eine kriegt bei jeder zweiten Tablette Magenprobleme, der andere beim ersten Sprung ins fremde Gewässer eine Ohrenentzündung. Einer hat auf jeder Reise Durchfall, ein anderer im Winter ewig Husten. Das mag uns nicht gefallen, doch wir wissen es und handeln entsprechend.

Genauso bei äußerlichen Eigenheiten wie Haarfarbe, Hauttyp, Körperbau oder Schuhgröße. Wir mögen sie nicht immer schätzen, aber kennen sie genau.

Warum nur ist es so schwierig bei den inneren?

Wie finden wir heraus, wer wir sind?

Der Extrembergsteiger Reinhold Messner sagt, er gehe nicht ohne Sauerstoff auf die Achttausender der Welt, um stolz auf der Spitze zu stehen oder ins *Guinness Buch der Rekorde* zu kommen. Nein, er will sich selbst in der extremen Herausforderung kennenlernen und erspüren, wo Heimat ist für ihn. Nicht im Eissturm, sondern in Geborgenheit und Liebe.

Müssen wir also den Nanga Parbat besteigen, um herauszufinden, was gut für uns ist?

Wir müssen nicht, aber die Anstrengung bleibt uns nicht erspart. Selbsterkenntnis fliegt uns nicht zu. Eltern bombardieren uns mit Erwartungen, Geschwister drängen uns in Rollen, Lehrer und Mentoren wollen sich über uns ausleben, die Medien überschwemmen uns mit Geschichten von vermeintlich attraktiven Lebens- und Verhaltensweisen.

Wer bin ich, was will ich, was tut mir gut? In der Kindheit stellt sich die Frage noch kaum, in der Pubertät hämmert sie wie lauter Techno in uns, und dann verschwimmt sie bei vielen Zeitgenossen im Einerlei des Berufslebens. Fremderwartungen und scheinbar bewährte Muster umlagern uns und erdrücken die Suche nach dem Selbst wie Efeu die Linde. Und plötzlich findet man sich in einem Leben, das man nie wollte.

Das können wir nicht wollen. Was also dagegen tun? Erster Schritt: der eigenen Stimme wieder Gehör verschaffen, erst einmal in sich selbst. Das Flüstern der Unzufriedenheit und das Raunen der Enttäuschung ernst nehmen. Mit Richard David Precht fragen: Wer bin ich, und wenn ja, wie viele? Ausprobieren, testen, experimentieren. Schritt für Schritt herausfinden, was ich wirklich will und wie das gestaltet sein soll. Und das natürlich in Einklang bringen mit den Notwendigkeiten des Lebens und den Ansprüchen der Liebsten, und das geht einfacher, als man denkt.

Bea Westphal in Berlin, von Hauptberuf Hofbäckerin, hat nach langen Jahren der Erfahrung mit solcher Selbstfindung ein Hilfsmittel dafür geschaffen: die Traumbox. Sie stellt Fragen wie: Worüber redest du am liebsten mit Freunden, wenn du

»GLÜCKLICH IST, WER DAS SEIN WILL, WAS ER IST«

niemanden beeindrucken und nichts erledigen musst? Mit welchen Gegenständen umgibst du dich am liebsten? Was soll mal auf deinem Grabstein stehen?

Ehrliche Antworten sind gefragt. Man muss den Eltern nicht gefallen und keiner Tante schmeicheln. Und dann, wenn alles gut läuft, fügen sich die Antworten zu Mustern und ergänzen sich – und plötzlich fällt einem zum Beispiel wie Schuppen von den Augen, was der Traumjob wäre.

Das Ganze erfordert gerade einmal drei Stunden. Keine Zauberei, keine Tricks. Es ist so einfach und so schwer zugleich. Die Umwelt – oft durchaus wohlmeinend – drängt uns in so viele Richtungen. Aber selbst aus der Sicht des Drängenden stellt sich die Frage: Will man jemanden, der sich allem fügt, nur weil es bequem ist, oder will man Kinder oder Freunde oder Partner, die wissen, wer sie sind, was sie wollen und wo die Grenzen ihrer Anpassung liegen?

Hör in dich hinein – da spielt die spannendste Musik.

Wer das tut, tanzt am schönsten. Ist im Reinen mit sich. Schiller sagt: »Nur der ist König, der bei seinem Tun nach keines Menschen Beifall braucht zu fragen.«

Das Paradoxe: Solche Menschen können meistens auch anderen mehr geben. Sie sind nicht egoistisch. Sie wissen, was ihr Glück ist, und leben es. Und können so andere, die selbst auf der Suche sind, viel einfacher akzeptieren und unterstützen. Wer selbst weiß, wo er hingehört, lässt dem anderen seinen Raum. Krittelt nicht ständig herum. Verbiegt andere nicht, sondern lässt sie so sein, wie sie sind.

Ja, erfreut sich sogar an den Unterschieden. Wie traurig wäre es, sähen wir alle gleich aus. Oder wären alle gleich. Und wenn man sich ehrlich und selbstkritisch prüft, in welche Richtung man Partner oder Kinder gern ändern würde, was kommt meistens heraus? Sie sollen mehr wie man selber sein. Will man das wirklich? Ist nicht eine/-r genug?

Heben wir das Thema kurz auf die Länderebene: Viele Globetrotter beklagen zu Recht, dass die Innenstädte der Metropolen auf der ganzen Welt immer ähnlicher werden. Die gleichen Fast-Food-Restaurants, die gleichen Luxuslabels, die gleichen Autos. Was für ein Verlust!

> »UNSERE TRÄUME KÖNNEN WIR ERST DANN VERWIRKLICHEN, WENN WIR UNS ENTSCHLIESSEN, EINMAL DARAUS AUFZUWACHEN.«
> JOSEPHINE BAKER

Die Vielfalt des Glücks der Welt sollten wir nicht gefährden, indem wir ständig so sein wollen wie die anderen. Deutschland ist da auf einem guten Weg. Immer haben wir die Italiener wegen ihrer Sinnlichkeit und Spontaneität bewundert, immer die Brasilianer wegen ihrer Ausgelassenheit und Erotik. Versuchen wir auch so zu sein, kommt schlechter Samba am Timmendorfer Strand heraus. Schätzen und bewundern wir lieber die anderen ihrer Stärken wegen und freuen uns an unseren! Gemütlichkeit oder Verlässlichkeit zum Beispiel. Die Welt beneidet uns darum.

Der zweite Schritt also: Sich so akzeptieren, wie man ist. Zufriedenheit erlangen mit seinen Eigenheiten. Auch mit den Schwächen. Niemand sonst, nirgends sonst und mit niemandem sonst sein wollen. Nicht die Frau am Arm des Freundes attraktiver finden. Bei näherem Hinsehen ist sie es nicht. Das gilt auch für sein Auto, seine Wohnung, seine Urlaubsreise oder seinen Job.

Unglück kommt oft vom Vergleich, vom Neid, von der Eifersucht. Zwar stecken sie tief in uns. Sie treiben uns voran, bringen Leistung und Ehrgeiz. Die Volkswirtschaft lebt von ihnen. Aber

»GLÜCKLICH IST, WER DAS SEIN WILL, WAS ER IST«

aus dem privaten Leben sollten wir sie möglichst aussperren. Sie sind destruktiv und nehmen dem Glück seinen freien Atem.

Glücklich ist, wer das sein will, was er ist.

Aus
Langenscheidts Leben

>> *Es war ein herrlicher Frühlingsnachmittag in Madrid. Ich hatte mir ein Ruderboot gemietet und trieb auf einem kleinen See im Retiro. Da wurde mir plötzlich klar, was Monate vorher in mir geschwelt hatte: Das alles war es nicht.*

Dabei hatte es so klar begonnen: Nach dem Studium der Philosophie, Literaturwissenschaft und Publizistik hatte ich Verlagswesen in sehr herausfordernden akademischen und beruflichen Umfeldern in Cambridge/USA und New York gelernt. Ich hatte mehrere Berufe ausprobiert und war nach einer großartigen Managementausbildung an INSEAD bei Paris zu dem Schluss gekommen, es zu versuchen mit dem traditionsreichen Familienunternehmen.

Was für eine wunderbare Aufgabe, dachte ich mir, bei der Verständigung der Völker behilflich sein zu dürfen, Wörterbücher, Sprachkurse und Reiseführer zu verlegen, die es ermöglichen, dass Menschen in einer globalisierten Welt reisen und kommunizieren können, und damit vielleicht sogar etwas für den Weltfrieden zu tun. Wer immer eine große Marke als Namen trägt, wird geprägt von der dahinterstehenden Tradition. Seit Mitte des 19. Jahrhunderts schon war Langenscheidt der Name für Fremdsprachen.

Mein Vater hatte meinem Bruder und mir in Aussicht gestellt, in vierter Generation die Leitung des Unternehmens zu über-

nehmen. Der Gedanke, mich nicht in Großkonzernen verbiegen zu müssen, sondern mein eigener Herr zu sein, reizte mich. So stürzte ich mich, gerade dreißig geworden, mit voller Energie in die große Verantwortung und merkte schnell: Ich konnte es. Ich wurde Vorstand bei Duden und Brockhaus und kümmerte mich um Beteiligungen wie Polyglott oder Baedeker. Alles schien zu stimmen, und wenn ein Beruf keinerlei Anlass zu Kritik gibt, ist es sicher der des Büchermachers. Und trotzdem begann ich zu zweifeln. Ich merkte, dass ich nicht mein ganzes Leben mit Programmkonferenzen, Buchexposés, Kalkulationen, Budgets, Marketingplänen und Personalentscheidungen verbringen wollte. Ich wollte selbst nach vorne. Alle Äußerlichkeiten sprachen, wie gesagt, dagegen: die Tradition, der Name, die Familie, die Reputation, die Sicherheit. Nur meine innere Stimme flüsterte: Du musst selbst schreiben, Reden halten, Fernsehen machen, Unternehmen selbst gründen. Geh das Risiko ein, versuch es! Sonst wirst du dich nie wirklich selbst spüren, nie deine Grenzen ausloten und auch nie mit der Möglichkeit des Scheiterns umgehen müssen.

Meine Überlegungen dauerten eine Weile, denn solche Entscheidungen trifft man nicht über Nacht. Aber an jenem Frühlingstag in Madrid wurde mir glasklar: Tu es. Wag es. Spring, und zwar jetzt. Die Angst vor dem Sprung vom Zehnmeterbrett ist schlimmer als der Sprung selbst. Und da ich einen Bruder hatte, der die Hälfte der Verantwortung schon übernommen hatte und damals willens war, sie ganz zu übernehmen, konnte ich mir den Sprung erlauben, ohne mich schlecht zu fühlen in meiner Verantwortung für die Familie, das Unternehmen, die Mitarbeiterinnen und Mitarbeiter. Der Kommunikationsprozess für meinen Schritt war nicht einfach. Missverständnisse mussten vermieden werden. Meinen Vater wollte ich auf keinen Fall enttäuschen, meine damalige Frau musste es mittragen, aber gemein-

sam haben wir alles geschafft. Und ich konnte weiterhin an wesentlichen Entscheidungen mitwirken und ein sehr aktiver Gesellschafter der Verlagsgruppe sein. Es war ein wichtiger Schritt, der mir Horizonte eröffnete, von denen ich noch nichts ahnte, und mein Leben enorm bereicherte. Nach mehreren Unternehmensgründungen, zahlreichen Büchern als Autor und Herausgeber, ungezählten Reden und Fernsehsendungen, großer Verantwortung in vielen Institutionen und der Gründung einer weltweit tätigen Kinderhilfsorganisation weiß ich kaum, wie ich allen angemessen danken kann, die den damaligen Schritt unterstützt und ermöglicht haben. Machen muss man ihn allerdings ganz alleine. Sonst ist das Leben vorbei, und man ahnt nur, was es alles für einen im Rucksack gehabt hätte. Und wir haben nur eines. «

SCHAUSPIELER MARIO ADORF
... über das Glück

Haben Sie einen ganz persönlichen Tipp fürs Glücklichsein?
Nicht warten, bis es sich einstellt, sondern gezielt feststellen, dass es keinen Grund gibt, es nicht zu sein.

Was ist ein besonderer Glücksmoment für Sie?
Wenn ich mit dem mir liebsten Menschen genau dort bin, wo wir gerne sein möchten.

Was im Leben macht Sie besonders glücklich?
Mit guten Freunden bei einem guten Gespräch einen guten Wein zu trinken.

IV
Glück wechselt den Blickwinkel

ERINNERN SIE SICH DARAN, wie Sie zum ersten Mal erfuhren, dass Aspirin gut gegen Herzinfarkt sei? Und wie die Studie herauskam, dass auch ein Glas Rotwein diesbezüglich nicht schaden könne? Plötzlich stand beides in völlig neuem Licht da. Aspirin hatte ich, bevor ich von diesen Untersuchungsergebnissen wusste, im Zweifelsfall nicht genommen, um meine Leber zu entlasten. Und auf Rotwein aus ähnlichen Gründen auch immer mal verzichtet …

Was bei den Studien stimmt, wage ich nicht zu beurteilen. Aber beeindruckend ist, wie wenig Information wir brauchen, um eine vorgegebene Sache plötzlich in neuem Licht zu sehen.

Ins Negative gekehrt funktioniert das genauso. Denken Sie an das Ende der Ära Helmut Kohl, als man sich bemühen musste, seine einzigartigen Verdienste weiterhin klar zu würdigen, weil sich der Spendenskandal so stark in den Vordergrund schob, dass er alles andere zu verdecken drohte. Oder an unser Verhältnis zur katholischen Kirche nach Aufdeckung der Missbrauchsskandale. Und und und.

Die Sache als solche ist dabei mehr oder minder vorgegeben. Die Wahrnehmung ändert sich nur radikal, weil Teilaspekte bekannt werden, welche sie in vollkommen neuem Licht erscheinen lassen.

Dieses Prinzip sollten wir aktiv nutzen in unserem Verhältnis zur Welt! Wer den Fokus bewusst ändern kann, ist sein eigener Wettergott. Er kann bestimmen, ob in ihm trübes Wetter herrscht oder die Sonne scheint. Fast alles hat positive und negative Aspekte. Die Frage ist, worauf wir fokussieren.

Wie wirklich ist die Wirklichkeit? Wie viel von unserer Wahrnehmung ist objektiv vorgegeben, wie viel stammt von uns selbst und unserer Sichtweise? Je länger ich lebe, desto mehr glaube ich: Die Perspektive entscheidet! Die Welt gibt uns eine unendliche Fülle an Inspirationen und Impulsen, aber es liegt im Wesentlichen an uns, was wir daraus machen und welche Welt wir in uns bilden. Ob wir Opfer sind oder Täter. Ob wir leiden oder lachen.

Natürlich gibt es Extremsituationen wie Naturkatastrophen, Unfälle, Krankheiten, Hunger, Durst und Krieg, in denen wir nur reagieren können auf den vorgegebenen Schrecken. Aber der Alltag besteht eher aus Situationen, in denen wir entscheiden, wie wir sie interpretieren und was wir daraus machen. Die äußerlich gleiche Situation wird so zum Ärger für den einen und zur Freude für den anderen. Wir sitzen im Fahrersitz. Wir sind Herr unseres Lebens.

Mein Lieblingsbeispiel, um das zu erläutern, ist ein Verkehrsstau. Klar vorgegebene Situation: Jeder wird zwanzig Minuten verlieren. Ich schaue nach rechts und sehe, wie der Fahrer mehr oder minder ins Lenkrad beißt vor Ärger. Man sieht förmlich die Magengeschwüre wachsen. Ich blicke nach links und sehe, wie der Fahrer dort im Büro angerufen hat, um zu sagen, er komme leider ein paar Minuten später, und nun Mozart hört, an seine Freundin denkt oder eine Idee entwickelt. Es könnte sein, dass dieser Moment der Kontemplation im Rückblick der schönste und kreativste im Tag des Fahrers links gewesen sein wird. Vielleicht hat er auch wertvolle Energie getankt für wichtige Entscheidungen. Vielleicht ist ihm ein bahnbrechender Einfall gekommen. Der rechte Fahrer dagegen hat vermutlich nur seine Gesundheit geschädigt.

Wie gesagt, die Situation war absolut die gleiche, nur der Umgang damit komplett unterschiedlich.

Das gilt es zu erkennen und den Mechanismus dahinter zu verinnerlichen und zu beherrschen lernen. Ihrem persönlichen Glück ist kaum effizienter auf die Sprünge zu helfen. In welcher Situation des Alltags Sie auch sind, Sie haben immer die Wahl. Sie können sich stressen lassen, Sie können Scheitern und Gefahr voraussehen, Sie können sich oder andere verfluchen oder beschuldigen, Sie können verzweifeln, Sie können innerlich die Hände über dem Kopf zusammenschlagen – oder Sie können die Situation genießen, von ihr lernen, sie in Ihrem Sinne beeinflussen, ihre Einzigartigkeit schätzen und ein Gefühl der Dankbarkeit für sie entwickeln. Sie sind dafür verantwortlich. Nur Sie.

Aldous Huxley sagte, Erfahrung sei nicht, was Ihnen zustößt, sondern was Sie daraus machen.

Noch ein paar Beispiele gefällig, wie ein kleiner symbolischer Klaps auf den Hinterkopf alles ändern kann?

★ Kinder, die sich den Ärger darüber, dass sie nicht mehr zum Schwimmbad dürfen, schönreden durch den netten Satz: »Ich wollte heute eh nicht schwimmen.«

★ South-West Airlines, die aus den unvermeidlichen Flugverspätungen angeblich einen Kultzeitvertreib machen mit Passagierwettbewerben wie dem, wessen Führerscheinfoto das hässlichste ist.

★ Leidgeprüfte Väter in der Nacht: Für manche ist es Körperverletzung, in der Nacht geweckt und aus dem Bett geholt zu werden. Bei kleinen Kindern ist das aber leider unumgänglich, wenn man seine Frau nicht alleine lassen will. Sie haben nun die Wahl: Sie können schlecht gelaunt das Notwendigste tun und vor lauter Ärger dann kaum wieder einschlafen. Oder sich innerlich sagen, schlafen könne man noch genug im Leben und das nächtliche Zusammensein mit ihrem Kind sei ein ganz besonderer Moment der Intimität und Zärtlichkeit, von dem sie in Pubertätszeiten noch träumen würden – und die halbe Stunde mit Wickeln, Flasche geben und Herumtragen richtig genießen, ehe sie wieder ins Bett sinken. Immer gelingt das sicher nicht, aber häufig ... Und dann ist aus Last Lust geworden. Wie gesagt: Wir sind verantwortlich!

★ Alle Paare: Jede/-r von uns ärgert sich über irgendwas am anderen. Manchmal auch über zwei oder drei Eigenschaften, auf die man gut verzichten könnte. Wir haben nun die Wahl. Wir können uns an diesen Verhaltensweisen festbeißen, und sie werden uns die Wände hochtreiben und das Verhältnis zur/-m Liebsten nachhaltig schädigen (denn Erwachsene zu ändern ist ein ambitioniertes Unterfangen). Oder wir versuchen einen anderen Umgang damit: Wir können uns doch einmal vorstellen, was für unliebsame Eigenschaften – ich rede hier mal aus der Männerperspektive, aber das lässt sich mühelos umdrehen – unser Schatz alle haben könnte. Sie könnte ständig übel gelaunt oder egoistisch sein. Sie könnte alles dominieren wollen oder an allem herumkritisieren. Sie könnte beruflich von Ehrgeiz zerfressen und daher nie zu Hause sein. Sie könnte langsam fett werden oder nie Sex haben wollen. Sie könnte jeden zweiten Tag Migräne haben. Sie könnte sich wie eine Diva aufführen oder unsere Beziehung als Machtspiel sehen. Sie könnte ständig mit irgendwelchen Flirts Eifersucht heraufbeschwören oder nur mit Konsumorgien bei Laune zu halten sein. Sie könnte Treffen mit Freundinnen jeder Unternehmung mit uns vorziehen oder Handtaschen und Schuhe jedem Buch oder Konzert. Wie lächerlich erscheint plötzlich die kleine Eigenheit, die uns vorhin noch zur Weißglut hätte bringen können. Loriot würde sagen: eine liebenswerte Eigenheit.

Auf wunderbar prägnante Weise wird das Prinzip in der amerikanischen TV-Serie *Mad about you* auf den Punkt gebracht. Die Frau beobachtet ihren Mann beim Suppelöffeln. Die »normale« Reaktion darauf wäre ein kleiner Ekel, der auch den Zuschauer befällt, da der Mann diese Aufgabe nicht sehr elegant und ästhetisch bewältigt. Er merkt, dass sie ihm zuschaut, und fragt, was los sei. Da kommt der Moment des inneren Rucks, des zärtlichen Klapses aufs eigene Bewusstsein, den vielleicht nur wir Menschen beherrschen – und sie sagt: »Ich denke gerade darüber nach, wie sehr ich dich liebe.« Und man spürt, sie hat es geschafft. Sie hat sich aus der einengenden Normalperspektive befreit, ist innerlich ein paar Schritte woandershin gegangen und sieht ihren Mann jetzt wirklich zärtlich und verliebt an.

Leben und Glück bestehen aus vielen solcher kleinen Schritte. Sie führen je nachdem zu lebenslanger Zärtlichkeit und guter Laune – oder zu langsamer Entfremdung

»AUCH AUS STEINEN, DIE EINEM IN DEN WEG GELEGT WERDEN, KANN MAN SCHÖNES BAUEN.«
JOHANN WOLFGANG VON GOETHE

und Verbitterung. Wir haben es in der Hand, ob wir unter Stau, Verbot, Flugverspätung oder nächtlicher Störung leiden. Ob wir uns unsere Liebe durch kleinkrämerische Kritik kaputt machen lassen. Oder ob wir mit gewisser Lässigkeit und Souveränität innerlich zwei Schritte zurückgehen und Leben und Liebe plötzlich wieder genießen. Wie gesagt: Wer das schafft, ist Wettergott in seinem Leben. Er kann sich seine eigenen Sonnen aufbauen, wo immer er will, und muss sein Glück nur selten aus der Hand geben.

Aus Langenscheidts Leben

>> *Lang ersehnter Traumurlaub mit der Liebsten und den drei Töchtern in einem Haus in der sogenannten Dritten Welt. Alles stimmt – bis auf die leise stärker werdenden Rückenschmerzen meiner Frau. Dann plötzlich bückt sie sich am Liegestuhl, und der Schmerz drückt sie nieder. Keine Bewegung ist mehr möglich ohne Schreie. Die Ambulanz ist immerhin nach einer Stunde da. Wir fahren durch Zuckerrohrfelder – und meine Fantasie, von langen Reisen durch das nahe gelegene Indien gespeist, fängt auf beängstigende Weise an zu fliegen. Überfüllte Krankenhausgänge, Leprapatienten, amputierte Gliedmaßen, sich selbst verbrennende Fundamentalisten, schwimmende Leichenteile im Ganges. Alles, was ich an schlimmen Eindrücken zum Umgang mit Krankheit, Schmerz und Tod in indisch geprägten Ländern im Kopf habe, kommt plötzlich hoch. Wir haben doch keine Ahnung, wie das Krankenhaus aussehen wird.*

Nach einer Stunde Fahrt mit Blaulicht die erste Überraschung, die meine Klischees vollkommen ins Wanken bringt: Wir treffen auf ein privat geführtes Krankenhaus, sauber bis in den letzten Winkel, mit freundlichsten Mitarbeitern und Mitarbeiterinnen, perfekt und effizient gemanagt.

Ich bin baff und genieße fast, wie meine Vorurteile in sich zusammenfallen. Innerhalb von eineinhalb Stunden sind Rönt-

GLÜCK WECHSELT DEN BLICKWINKEL IV

gen und MRI gemacht – mit neuester Technologie. Nur einmal, auf der Suche nach einem Spezialisten, drücke ich im Aufzug aus Versehen auf den Kellerknopf und lande dort, wo die Leichen hinkommen. Die schrecklichen Erinnerungen steigen wieder hoch, sind aber schnell weg, als ich wieder das Parterre erreiche.

Um neun Uhr abends stellen wir fest, dass der einzige Orthopäde noch eine Notfalloperation hineinbekommen hat, und müssen ein Zimmer nehmen. Nächste Überraschung: Wir bekommen sogar ausnahmsweise und gegen alle Vorschriften noch ein Chicken Curry als Abendessen. Menschlichkeit besiegt Bürokratie. Das Zimmer ist besser als viele Hotelzimmer, in denen Menschen ihren gesamten Urlaub verbringen. Wir können es nicht glauben und sind glücklich im kleinen Unglück, das sich ohnehin schnell relativiert angesichts all der Katastrophen, derer man um uns herum Herr zu werden versucht.

Mit Verdacht auf Bandscheibenvorfall in der Notaufnahme eines vermeintlichen Dritte-Welt-Krankenhauses fühlen wir uns ein wenig wie Bonnie and Clyde. Der Blickwinkel hat sich vollkommen gedreht, und fast genießen wir die etwas absurde Situation, während wir hoffen, dass in unserem Haus nichts mit den Töchtern passiert.

Die Diagnose kommt um Mitternacht: Zwei Bandscheiben sind ein wenig verschoben und sehr gereizt, aber es ist kein Vorfall. Riesenerleichterung – und die Macht der veränderten Perspektive ist so groß, dass meine Frau sogar lächelnd anmerkt, sie hätte in den nächsten Wochen ohnehin eine Operation vor sich, bei der man wochenlang den Rücken radikal schonen müsse. Wie praktisch! Aus der Horrorvorstellung ist etwas Romantisches und Einzigartiges geworden, das uns ein Stück weiter zusammenschweißt und gemeinsam stärker werden lässt.

Die Rückkehr lässt uns das eigene Haus natürlich noch dreimal schöner erscheinen als ohnehin. Und die Erfahrung, wie schnell eine minimale Verschiebung im Gleichgewicht des Körpers zu schrecklichen Schmerzen führen kann, lässt die Freude am funktionierenden Körper um ein Vielfaches steigen – wohl einer der Gründe, warum so viele Menschen gerne Krankenhausserien im Fernsehen sehen. Wir brauchen manchmal das Negative, um zurechtgerückt zu werden in unserer Wahrnehmung des uns geschenkten Lebens. Das Schicksal muss uns kurz und heftig an den Ohren ziehen, damit die Augen wieder geöffnet werden für dessen Schönheit. Und hinter jeder Angst wartet ein Stück Hoffnung, eine Überraschung, ein Glücksgefühl, das ohne sie nicht in unser Leben hätte treten können. «

Wenn Sie mal wieder am Leben verzweifeln, denken Sie an
... JANA ZÖLL

Die junge Frau hat seit Geburt Glasknochen, jene schreckliche Behinderung, bei der schon ein festes Schulterklopfen die Knochen bricht. Sie bezeichnet sich mit Galgenhumor als »nicht laufender Nichtmeter«, ist sie doch nur etwa neunzig Zentimeter groß und nutzt den Rollstuhl häufig. Was ist trotzdem ihr dringendster Berufswunsch? Schauspielerin. Und sie schafft es an die Akademie und bekommt ihre erste Rolle als Amme in Shakespeares *Romeo und Julia*. Und was ist ihr größtes Glück? Wenn für die Zuschauer nach drei Minuten nicht mehr Janas Äußeres alles bestimmend im Vordergrund steht, sondern sie als Mensch in der Rolle, die sie gerade verkörpert.

Die kleinen Momente sind die großen

DAS HABEN WIR WOHL UNSEREN ELTERN UND LEHRERN zu verdanken: Wir neigen dazu, das Glück ganz hoch zu hängen. Manchmal machen wir es an Dingen fest, die uns zugeflogen kommen (vom Lottogewinn bis zur Erbschaft), aber in unserer leistungsorientierten Gesellschaft noch mehr an Dingen, für die wir kämpfen müssen: Wenn wir befördert werden. Wenn wir eine Gehaltserhöhung bekommen. Wenn wir die ersehnte Person des anderen Geschlechts in unseren Bann ziehen. Wenn wir die Mittlere Reife, das Abitur oder den Studienabschluss schaffen. Wenn wir die Schließung des Kindergartens drei Blocks weiter verhindern können. Wenn wir eine schwierige Rede glanzvoll meistern.

Das geht bis hin zu Nobelpreis und Goldmedaille.

Und richtig, es ist unendlich wichtig, sich große Ziele zu setzen. Das Leben erscheint sinnlos ohne sie (mehr dazu in »Glück setzt sich Ziele«). Aber wir sollten nicht glauben, dass Glück primär davon abhängt, ob wir diese Ziele erreichen.

Es liegt vielmehr am Rande des lebenslangen Weges zu ihnen.

Schauen wir immer nur auf unsere Ziele, ist es, wie mit dem Handy am Ohr durch eine Blumenwiese zu gehen und wegen des Telefongespräches nichts von ihr wahrzunehmen.

Die Stunden nach dem Ende des Marathons sind oft das Gegenteil von glücklich. Wir sind erschöpft und ausgepowert, fallen in Motivationslöcher und Sinnkrisen, haben nichts mehr, auf das wir hinarbeiten können.

Das soll weiß Gott nicht gegen den – symbolischen – Marathonlauf sprechen. Aber dafür, dass man beim Lauf hin zu den großen Zielen die Augen aufhalten sollte für die Fülle und Schönheit des Lebens. Auch wenn das oft schwerfällt, da die notwendige Anstrengung für den Lauf allein doch groß ist ...

> »VIELE MENSCHEN VERSÄUMEN DAS KLEINE GLÜCK, WÄHREND SIE AUF DAS GROSSE VERGEBENS WARTEN.«
> PEARL S. BUCK

Das Unterfutter des Glücks ist aus Tausenden kleiner Momente gewebt. Sie lassen uns lächeln, innehalten, jubilieren, auflachen oder verzückt in die Augen des Gegenübers sehen. Sie bilden den Stoff für Vorfreude und die Textur der Erinnerung. Sie blitzen auf in der Liebe oder der Freundschaft, im Flirt oder in der Familie, beim Essen oder auf Reisen, mit Kindern oder Kollegen, in der Natur oder im Kino.

Zum Beispiel:

* Mit seinen Geschwistern in alten Fotokisten kramen

* Eine Nacht unter freiem Himmel

* Seinen Kindern aus alten, einst heißgeliebten Kinderbüchern vorlesen

* »Es ist ein Mädchen!«

* Der Gutenachtkuss

DIE KLEINEN MOMENTE SIND DIE GROSSEN

- Nach langem Kritzeln: Die Tochter zeichnet das erste erkennbare Porträt des Vaters

- Joe Cockers »With a Little Help from My Friends«

- Nach einem langen Abend auf High Heels die Schuhe ausziehen und die Füße hochlegen

- Im Altweibersommer noch mal draußen sitzen und die letzten Sonnenstrahlen spüren

- Morgenruhe am Meer

- Lachen, bis einem die Tränen kommen

- Kissenschlacht

- Weit ins Meer hinausschwimmen

- Auch ohne großen Aufwand etwas für die Umwelt tun können

- Spüren, wie der liebevolle Blick des Partners auf einem ruht – dies aber nicht merken lassen

- Merken, dass sich eine Aufgabe bewältigen lässt, die zuerst viel zu groß erschien

- Einen runden Geburtstag von Freunden organisiert bekommen

- Die Augen zumachen müssen – und ein selbst gepflücktes Gänseblümchen von der Tochter in die Hand gedrückt bekommen

* Sachen wegschmeißen; sein Leben entrümpeln

* Noch nach Jahrzehnten in Löffelchenstellung einschlafen

* Die Tierfiguren in Walt Disneys *Dschungelbuch*-Verfilmung

* Durchs Brandenburger Tor gehen

Sie merken schon, man könnte unendlich weitermachen, aber vielleicht möchten Sie ja ein paar ganz persönliche Glücksmomente aufschreiben? Hier ist etwas Platz dafür:

_____

_____

_____

_____

_____

_____

_____

_____

DIE KLEINEN MOMENTE SIND DIE GROSSEN

Aus
Langenscheidts Leben

>> *Mein Leben ist voll von Glücksmomenten. Hier ein paar, die nicht ganz so auf der Hand liegen:*

Während der Managementschule in Frankreich belegte ich einen Kurs, in dem man ein neues Unternehmen konzipieren sollte. Ich kramte in meinen Träumen und stieß auf etwas, das mich schon als Junge fasziniert hatte: Zeppeline.

Seit dem schrecklichen Unglück von Lakehurst 1937 – beim Brand und Absturz des Luftschiffes »Hindenburg« waren damals sechsunddreißig Menschen umgekommen – waren sie in Deutschland nicht mehr für Passagiere im Einsatz. Dabei erfüllten sie in den Zwanzigerjahren die Träume von so vielen Menschen. Man schwebte nur ein paar hundert Meter über dem Erdboden, öffnete die Fenster beim Fliegen (korrekt heißt es Fahren, da ein Luftschiff leichter als Luft ist), konnte sich frei im Zeppelin bewegen, essen und trinken gehen. Es gab Reisen sogar von Friedrichshafen bis nach Brasilien – und die berühmte Weltumrundung.

Im Dritten Reich waren die Zigarren des Himmels zu Propagandazwecken missbraucht worden. Deshalb hatten die USA die Lieferung von Helium als sicherer Füllung nach Deutschland gestoppt. Einziger Ersatz war Wasserstoff, der die Zeppeline zu fliegenden Pulverfässern machte und das »Hindenburg«-Desaster in Lakehurst überhaupt erst ermöglichte.

Diese Zeit war lang vorbei, Helium gab es wieder, und die Technik war weit vorangeschritten.

Also entwickelte ich mit einem kleinen Team ein Konzept, wie wir die Schiffe der Luft wieder für eine Art nachhaltigen und genussreichen Luxustourismus einsetzen könnten. Statt wie im Flugzeug in einer Art fliegendem Bus zu sitzen, könnten unsere

Passagiere Berlin, Rom oder Paris in allen Details von oben genießen.

Für unseren Plan bekamen wir exzellente Noten – und so hätte ich es als schade empfunden, die Idee nicht Wirklichkeit werden zu lassen. Ein Nachfahre des berühmten Grafen Zeppelin gab mir die notwendigen Mittel dazu und beteiligte sich an unserem Abenteuer. Eine ganze Kaskade von Glücksmomenten war der Lohn des Mutes:

Der Name »Majestic Luftschifffahrtsgesellschaft« war noch frei.

Wir fanden ein geeignetes Luftschiff und konnten es mieten.

An einem sehr kalten Wintertag konnte ich die Brauerei Löwenbräu überzeugen, viel Geld dafür auszugeben, um ihre Marke während des Münchner Oktoberfestes auf dem Zeppelin zu platzieren.

Wir bekamen das älteste Flugfeld der Welt als Standort für Luftschiff und Zelt.

Wir überredeten den Koch der berühmten »Graf Zeppelin«, trotz seines fortgeschrittenen Alters für unsere Gäste das Originalmenü aus den Zwanzigerjahren nachzukochen.

Das Luftschiff kam gerade noch rechtzeitig in München an, nachdem Frankreich es wegen ungeklärter Zollfragen nicht hatte ausreisen lassen wollen.

Ich durfte bei der ersten Fahrt über München ans Steuer! Was für ein Gefühl, ein sechzig Meter langes Gefährt durch die Lüfte zu manövrieren!

Die Plätze im Luftschiff waren sofort ausverkauft.

Immer wieder kam eine ältere Dame mit Bargeld in der runzligen Hand trotzdem zu uns und sagte, sie hätte schon immer Zeppelin fahren wollen. Auf unseren Hinweis, wir hätten keine Plätze frei, lächelte sie nur und meinte, sie habe Zeit und könne warten.

Wir mussten immer das Gewicht der zwölf Passagiere feststellen, um das Luftschiff auszutarieren. Die meisten weiblichen Fluggäste sagten voller Empörung, die festgestellte Kilozahl könne nicht stimmen. Wir lösten das Problem, indem wir eine Viehwaage mieteten, auf der alle zwölf gleichzeitig Platz fanden …

Selten im Berufsleben habe ich so viele ungeahnte Glücksmomente erleben dürfen. Mut wird eben oft durch Glück belohnt. «

KATALOGKÖNIG WERNER OTTO
… über das Glück

Zum Glücklichsein brauche ich Knäcke mit Harzer Käse, eine Partie Patience und meine wunderbare Frau.

Weniger ist mehr – Glück

EIN TAG IN KLOSTER ENGELBERG, idyllisch gelegen inmitten der Schweizer Alpen:

5 Uhr 15 Morgengebet. Einundzwanzig Brüder tippeln in die beeindruckende Kirche. Schuhe, Frisur (was davon übrig ist), Bart und Brille (sie tragen alle eine) sind auf den ersten Blick das Einzige, das sie unterscheidet. Sie beten und singen in ritualisiertem Wechselgesang. Was mag jeder von ihnen an Familiengeschichte in sich tragen, welche Enttäuschungen, Hoffnungen, verborgenen Lieben und Leidenschaften?

Was für ein Gefühl, dass Benediktinermönche das immer so machen! Tagein, tagaus. In beruhigender Voraussehbarkeit stets die gleichen fünf Messen am Tag: Gebet, Konventmesse, Mittagsgebet, Vesper, Komplet. Nur die Psalmen variieren. Ist es Pflicht für sie, oder freuen sie sich darauf? Ist es Korsett oder Stütze?

Ihr Leben ist eine klar strukturierte Abfolge von Messe, Gebet, Studium, Arbeit, Essen und Schlaf. Auf die Frage, ob die Glocke fünfmal am Tag nicht oft störe und einen herausreiße aus der jeweiligen Tätigkeit, antworten die Mönche sehr menschlich: Manchmal schon, aber es sei dann doch fast immer schön. In

Gesang und Gebet mache man sich wieder klar, wie dankbar man sein könne für sein Leben und seine Gesundheit. Die Messe stelle einen wieder auf die Füße und öffne für Glücksgefühle. Was immer man unterbrochen habe, danach laufe es besser.

Sie haben losgelassen. Für alle Zeit. Was für eine Entscheidung, was für ein Mut. Zumal sie für Struktur und Kontemplation auf vieles verzichten müssen: Alles Besitztum haben sie an der Klosterpforte abgegeben. Das Notwendigste – wie Brille und Schuhe – erhalten sie vom Kloster. Dass sich im Alter mal jemand um sie kümmert, hoffen sie. Dass die zusammengewürfelte Gruppe von Männern Familienersatz sein kann, glaubt kaum einer.

Wenn man mit ihnen über die Probleme des Zölibats spricht, sagen sie Weises. Mit der Sexualität habe doch jeder zu kämpfen, ob als Single, Ehepartner oder Mönch. Das bewiesen die vielen Ehebrüche und Scheidungen doch deutlich. Erwachsenen Umgang mit Trieb und Lust müsse jeder von uns lernen.

Immer weniger machten den Schritt fürs Leben. Je später man ihn erwäge, desto schwieriger sei er. Am ehesten werde er in Zeiten der Krise, Neudefinition und Veränderung gegangen.

Für zwei Tage oder Wochen hingegen tun das in unseren Zeiten viele. Die Klöster sind überfüllt mit Menschen, die sich der Erfahrung der Ritualisierung und des Weglassens stellen wollen.

Was steckt dahinter?

Wir Europäer leben in einer Welt, in der wir alles haben können, zu jeder Zeit. Gehen wir in einen großen Supermarkt, sehen wir Hunderte von Joghurts, Früchte aus Übersee, Süßes in Hülle und Fülle. Setzen wir uns vor PC, Laptop oder iPhone, sehen wir durch ein digitales Fenster in die ganze Welt. Wir können alles kaufen oder ersteigern, wir können mit fast jedem rund um den Erdball telefonieren oder chatten, wir können Milliarden von Fotos und Videos ansehen, wir können verfolgen, was unsere sogenannten »Freunde« gerade so machen, wir können Zugverspätungen verfolgen oder das Wetter in Honolulu checken. Die Globalisierung und ihr Medium, das Internet, machen alles zugänglich. Sieben Tage die Woche, vierundzwanzig Stunden pro Tag.

Wie schön, sagen viele. Vor allem jene, die aus Ländern der Entbehrung und Unfreiheit kommen. Wie schrecklich, sagen andere, welche die Freiheit zwar gewohnt sind, aber vielleicht nicht die innere Stärke haben, mit ihr souverän umzugehen.

> DIE ZEIT FÄHRT AUTO, DAS GLÜCK FAHRRAD.

Jede Entwicklung hat zwei Seiten. Noch nichts hat ausschließlich Glück über die Menschheit gebracht, weder Auto noch Medizin, Religion oder Aufklärung. Mit allem neuen Glück gefährden wir altes.

Die Erfüllung des Traums vom Immer-alles-zu-jeder-Zeit-haben-Können schenkt uns unendliche Angebote und Reize zu jeder Sekunde, birgt aber auch viele Gefahren. Die Folgen für die Umwelt durch Energieverbrauch und Abfall sind so desaströs, dass wir langsam merken, dass unsere kleinen Glücksgefühle dem großen Glück unserer Enkel und Enkelinnen den Boden unter den Füßen entziehen könnten. Die latente Unzufriedenheit unserer Kinder, die immer mehr immer schneller haben wollen, wird unerträglich. Früher konnte ein neuer Malstiftkasten Höhepunkt der ganzen Ferien sein, heute wird er ungeöffnet gelassen angesichts der Enttäuschung, dass eigentlich ein Videospiel gewünscht war. Und an vielen Jugendlichen und auch an uns selbst beobachten wir mit Erschrecken, dass man zwar vier Dinge auf einmal machen kann, dass uns dieses

Multitasking aber oft unbefriedigt und leer zurücklässt. Nichts hat man wirklich getan, bei keiner Sache war man mit ganzem Herzen dabei. Und schaut man zurück, weiß man kaum mehr, was alles war. Gesichtsloses, erinnerungsloses Leben in Stress und Belastung, teuer für Seele und Umwelt. Freiwilliges Laufen im Hamsterrad der tumben Konsumgläubigkeit und fantasietötenden Ablenkung.

Verwundert es, dass in dieser Situation eine Frage radikale Bedeutung gewinnt: Was macht mich wirklich glücklich?

Mehr und mehr Menschen sagen, sie bräuchten relativ wenig fürs Glück. Das Notwendigste an Wärme, Behausung, Licht, Essen und Trinken, viel Schlaf, ein paar gute Bücher und Filme, Gesundheit, Freundschaft, Familie und Liebe. Ab und zu mal einen Wein oder ein Bier, Bewegung, Zärtlichkeit und Sex. Alles andere sei doch Beiwerk, nett, aber entbehrlich.

Und was diese Menschen merken: Geben wir diesem Beiwerk viel Raum in unserem Leben, hat es die Tendenz, sich auszubreiten und uns die Aufmerksamkeit für das Wichtige zu nehmen. Also weg damit. Und dafür achtsamer leben, ruhiger, bewusster, weniger aufgeregt. Aber fest verzurrt an den Pflöcken, auf die es ankommt. Ein Glück der Nachhaltigkeit, weder auf Kosten unserer seelischen Gesundheit noch auf die der Lebensgrundlagen unserer Nachkommen. Und ein Glück der Muße und des Innehaltens.

WENIGER IST MEHR – GLÜCK VI

Aus
Langenscheidts Leben

>> Ich bin kein Eremit. Nach dem anstrengenden Managementstudium mit einer Unzahl von Begegnungen mit Menschen aus der ganzen Welt habe ich es einmal versucht mit dem Rückzug von allem. Bin für einen Monat auf eine Insel der Philippinen gegangen, mit einem Rucksack voll Notwendigstem, kein Buch und kein Computer. Auf der Insel gab es keinen Beton, kein Auto, keinen Strom. Nur Natur – die allerdings vom Feinsten. Jeden Abend umrundeten Tausende von Fliegenden Hunden das Eiland. Und jedes Jahr starben ein paar Menschen daran, dass ihnen eine Kokosnuss auf den Kopf fiel (mir erscheint das als der ideale Tod ...).

Der Tageslauf war von der Sonne bestimmt. Frühes Aufwachen, lange im Meer treiben, Spaziergänge, Meditieren, Nachdenken übers Leben und meinen Platz darin, Erinnerungen nachhängen, etwas zum Essen besorgen, weit hinausschwimmen, ein paar Liegestütze, den leichten Wind genießen, in die Palmenblätter schauen, überlegen, welchen Fisch man heute Abend essen würde, Mittagsschlaf, Ungeziefer aus meiner Bambushütte beseitigen, sonnen, Pläne schmieden, zum einzigen Restaurant der Insel aufbrechen, zu Abend essen und mit ein paar anderen Leuten reden, im Dunkeln zur Hütte zurückkehren (etwas ängstlich wegen der herabfallenden Kokosnüsse), hoffen, dass in der Nacht nicht wieder ein unbekanntes Tier auf mein Bett fallen würde.

Traumhaft, oder? In der Tat. Aber nicht für immer. Nach etwa zwei Wochen fing ich an zu verstehen, warum so viele Freunde, die irgendwann von allem die Nase voll hatten und auf eine Insel gezogen waren, entweder zu Trinkern wurden oder zurückkamen. Ich brauchte dringend Material für mein Hirn. Es fing *an durchzudrehen. Größtmöglicher Glücksfall wurde, dass ich in einer anderen Hütte ein zurückgelassenes Buch fand: Liebesgeschichten aus zwei Jahrhunderten oder so ähnlich. Ich las das Buch von rechts nach links, von oben nach unten, wie auch immer, jedenfalls immer wieder. Und mein Hirn jubilierte. Kurz darauf beobachtete ich mit Erstaunen, wie ich anfing, einen Essay über die Wandlung des Liebesbegriffs von der Romantik bis heute zu schreiben – auf der Rückseite von Buchungsbelegen.*

Nach vier Wochen wollte ich Struktur, Herausforderung, Menschen, Konflikte. Ich musste mich wieder spüren. Ich hatte das Gefühl, alle Ecken in mir und meinem bisherigen Leben ausgekehrt zu haben, und über die Zukunft ließ sich auch nicht mehr nachdenken.

Achtundvierzig Stunden brauchte das kleine Boot von der Insel in die Großstadt Cebu. Ich konnte nicht glauben, wie mich das quirlige Leben anmachte. Ich war so begeistert, zurück zu sein, dass es mir nichts ausmachte, als mir zwei Typen alles Bargeld aus der Tasche klauten. Nach dem Aufsuchen einer Bank ging ich mit dreitausend Männern mit gescheiteltem schwarzem Haar in einen neuen James Bond, und später saß ich in einem neonerleuchteten Café und las »Time Magazine« und »Newsweek«, aber nicht nur die Hauptgeschichten, sondern jede Anzeige. Wie ein Printjunkie.

Seitdem habe ich keine Sehnsucht nach Insel- oder Klosterleben mehr. Höchstens für ein paar Wochen ...

Aber wichtig war, dass ich es mal versucht habe. Man muss erst in sich hineinhören und vieles ausprobieren, bevor man weiß, was einen glücklich macht (vgl. »Glücklich ist, wer das sein will, was er ist.«). Man muss den Möglichkeiten der Welt eine Chance geben, bevor man mit klarer Stimme »Ja« oder »Nein« sagen kann.

WENIGER IST MEHR – GLÜCK VI

Seitdem habe ich Schritt für Schritt meinen – und nur meinen – Lebensstil zwischen Überfülle und Einfachheit entwickelt. Ich muss zugeben: Ich liebe das Multitasking. Gleichzeitig Rasieren und der Kaffee läuft durch und auf dem iPad lädt die Tageszeitung; gleichzeitig Autofahren und Rückrufe tätigen; gleichzeitig fliegen und lesen/Filme sehen/essen. Ich habe ein volles Leben und genieße es. Ich habe eine Frau, die ich sehr liebe, und fünf Kinder. Ich bin sehr engagiert in unserem Familienunternehmen. Ich definiere mich ganz stark durch das, was ich tue und in die Welt setze: Bücher, Kolumnen, Reden, junge Unternehmen, Hilfe für die Natur und für Kinder ohne Heimat und Hoffnung. Ich fahre Auto und Fahrrad – je nachdem.

Aber zwischen alldem sind unzählige Inseln der Ruhe und der Zeit für mich selbst eingestreut. Die zehn Minuten vor dem Aufstehen, der erste Kaffee des Tages, Ludovico Einaudi auf der Fahrt zur wichtigen Sitzung, ein paar Minuten mit dem Handy um den Block gehen, um meine Liebste anzurufen, eine innere Auszeit während einer langweiligen Rede, ein Minispaziergang durch einen Park, ein Kurzschlaf im Flugzeug oder noch lieber Zug fahren und übers Leben nachdenken.

Dieser Wechsel zwischen Komplexität und Einfachheit entspricht mir. Ich habe das Leben gefunden, das für mich gut ist. Das wünsche ich jedem anderen Menschen auf dieser Welt. «

Wenn Sie mal wieder am Leben verzweifeln, denken Sie an
... SAMUEL KOCH

Ganz Deutschland hielt den Atem an, als der junge Mann am 4. Dezember 2010 bei *Wetten, dass ...?* schwer stürzte. Seitdem ist er vom Hals abwärts gelähmt. Er meint, dass er danach manchmal die Tiere beneidet habe, denen man in bestimmten Situationen einfach einen Gnadenschuss gebe. Trotzdem sagt er in einem Interview ein paar Wochen nach dem Unfall: »Ich werde wieder glücklich sein, ich werde Spaß am Leben haben, das war immer so. Grundsätzlich sehe ich das Leben als Geschenk an. Und es wäre doof, wenn ich das Geschenk des Lebens nicht ausnutze und nicht annehme.« Und ergänzt, vielen Menschen ginge es um einiges schlechter als ihm ...

Das Glück liegt im Jetzt

ICH KANN ES NICHT MEHR HÖREN – das so beliebte Lebensmotto »Lebe jeden Tag, als wäre er dein letzter!« Sind wir Tiere oder Menschen? Kennen wir nicht die Länge unseres Lebens? Ist uns nicht bewusst, welche Folgen bestimmte Verhaltensweisen haben? Haben wir nicht Verpflichtungen unseren Kollegen und Familien gegenüber? Gibt es nicht vielleicht Kinder, die uns langfristig brauchen in Erziehung und Bildung? Arbeiten wir nicht an politischen oder wirtschaftlichen Visionen und Projekten, die über den Tag hinausgehen?

Unsere Welt würde zusammenbrechen, fiele all das plötzlich weg und jede/r würde nur noch der spontanen Lust frönen. Es gibt sicher einige wenige Menschen, die bei einer Todesprognose für übermorgen einfach ihr Leben am letzten Tag unbeirrt weiterleben würden. Die meisten denken an verrückte Trips, irrwitzige Abenteuer, Champagner und Kaviar, Liebe auf dem Strand und Ähnliches. Wie anstrengend, das jeden Tag des Lebens (der ja in der Tat unser letzter sein könnte) so zu leben. Nicht beglückend und befriedigend für den Einzelnen und erst recht nicht für alle anderen, die von ihm abhängen. Wir leben in einem fein gesponnenen Netz von Abhängigkeiten und Zusammenarbeit. Klassische Beispiele sind sicher Kinder, die auf ihre Eltern angewiesen sind (und später umgekehrt), und Rentner, deren Auskommen von den Berufstätigen erwirtschaftet wird. Aber in Wirklichkeit sind die Strukturen der Teamarbeit allgegenwärtig. Wir merken das bei jedem Streik der Müllmänner, Lokomotivführer oder Fluglotsen. Von daher ist es eine absolute Illusion, dass gemeinsames Leben noch funktionieren würde, lebte jeder jeden Tag, als ob es sein letzter wäre. Denn die fehlende Perspektive auf die Zukunft und all das, wo wir selbst andere zum Überleben brauchen, führt zwangsläufig zu Egoismus und damit zum Zusammenbruch aller geschriebenen und ungeschriebenen Gesellschaftsverträge.

Wer liebt schon Versicherungen – und trotzdem beschäftigen wir uns damit, um im Fall der Fälle nicht ohne Schutz dazustehen. Wer liebt schon Rentenzahlungen – und doch leisten wir sie, damit wir im Alter nicht verarmen. Wer kümmert sich schon gern um Bausparverträge – aber wir tun es, damit wir mal in den eigenen vier Wänden leben können.

Das unterscheidet uns vom Tier. Es weiß nicht, wie lang und unter welchen Umständen es leben wird, und kümmert sich daher nur selten um Vorsorge. Wir wissen es, wir erinnern uns, wir planen, wir gestalten für uns und andere. Wir arbeiten an Energieversorgung und Notfallszenarien, wir bauen Krankenhäuser und Autobahnen, wir zahlen Steuern und Pflegeversicherung, wir haben das Handy und das Internet erfunden, wir kümmern uns um Verhungernde und Verdurstende, wir versuchen AIDS und Malaria einzudämmen. Alles ist wichtig für unser langfristiges Glück, und nichts davon lässt sich am letzten Tag des Lebens verwirklichen. Alles braucht Planung, Budgets, Computer, Zeitpläne, Mitarbeiter/-innen, Infrastruktur. Also Dinge, die auf den ersten Blick nicht unbedingt Spaß machen und die

DAS GLÜCK LIEGT IM JETZT

man nicht unbedingt in den letzten Stunden des Lebens betreiben würde, aber die essenziell sind für unseren Erfolg als Spezies und für unser aller Glück.

Also machen wir sie uns nicht madig durch eine oberflächliche Sehnsucht nach absoluter Freiheit und Spontaneität. Die meisten Menschen sind ohnehin überfordert, nimmt man ihnen alle Strukturen und Pflichten des Alltags und entlässt sie ganz und gar in die Freiheit der spontanen Lust und Laune. Manche fallen in tiefe Motivationslöcher, manche werden krank, manche sind zutiefst verunsichert. Man mag gerne klagen über all das Vorgegebene im Leben, fehlt es aber plötzlich (verstirbt zum Beispiel der Angehörige, den man jahrelang liebevoll pflegt), merkt man oft erst, wie wichtig es einem war.

So, das musste ich einfach mal loswerden. Und jetzt können wir uns dem Stück Wahrheitsgehalt in der erwähnten Forderung zuwenden. Natürlich stimmt es, dass sich viele Menschen so viele Sorgen um die Zukunft machen und so sehr immer nur ans Morgen denken, dass sie das Heute vergessen. Und was nützt alle Planung und Vorsorge, wenn wir unser Glück hier und heute übersehen? Wir brauchen nur Kleinkinder zu beobachten. Sie leben ausschließlich im Moment. Jetzt, und zwar sofort, wollen sie das Stück Schokolade, das sie gerade sehen. Und genauso die Sandschaufel und den Apfelsaft, und dann bitte auf Mamas Schoß, und dann ist die Windel voll und soll sofort gewechselt werden und und und. Es ist schön und anstrengend zugleich. Nichts kann in dieser Welt aufgeschoben werden. Immer herrscht Klarheit darüber, was man will und was nicht.

Das geht in den Jahren der Erziehung verschüttet. Man lernt, auf Dinge zu verzichten oder Alternativen in Betracht zu ziehen und die Erfüllung von Wünschen zurückzustellen. Man lernt, zwischen Gegenwart und Zukunft zu jonglieren.

Wir sollten in diesem Prozess die Lust an der Gegenwart nicht verlieren. Hier und heute ist mein Glück oder Unglück. Nehmen wir es an, gestalten und genießen wir es, seien wir dafür dankbar! Hören wir in uns hinein, was uns guttut und was nicht! Gönnen wir uns etwas! Kultivieren wir unsere Vorlieben und kleinen Leidenschaften! Leben wir ganz dem Moment und den Momenten. Wagen wir es, unsere kleinen und großen Träume auszuleben! Seien wir offen für die Geschenke des Alltags! Wir haben es uns verdient mit all der Planung und Vorsorge und Hilfe. Und wir wissen nie, was kommt (vielleicht ist morgen ja wirklich der letzte Tag, auch wenn das eher unwahrscheinlich ist).

Seien wir immer wieder wie Frischverliebte. Ihnen ist herzlich egal, was die Umwelt denkt. Sie nehmen sich, was sie brauchen, und leben ihre Leidenschaft. Sie fahren in der Nacht an den Strand und bestellen um drei Uhr nachts Pizza. Sie baden in Rosenblättern und bepinseln sich mit Schokolade. Sie tanzen die Nacht durch und schlafen am Vormittag. Sie machen Telekommunikationsfirmen und Reisekonzerne reich, da sie sich hundertsiebenundfünfzig SMS pro Tag schicken und für eine gemeinsame Nacht nach Marseille oder Moskau reisen.

> »GIB JEDEM TAG DIE CHANCE, DER SCHÖNSTE DEINES LEBENS ZU WERDEN.«
> MARK TWAIN

Die meisten unheilbar Kranken in Krebsstationen oder Hospizen wünschen sich, sie hätten neben aller Pflichterfüllung mehr von solcher Verrücktheit ausgelebt. Sie ist Glück pur, direkt in unserer Hand und nicht an irgendwelche Zeitpläne oder Bedingungen gebunden.

Das Leben ist so zerbrechlich. Es ist Geschenk und reinste Gnade, dass wir es bewusst erleben und genießen dürfen. Wir entstehen aus dem Nichts und verschwinden wieder. Dazwischen blüht ein Leben auf, das wir mit allen Sinnen wahrnehmen und genau so gestalten sollten, wie es richtig für uns ist. Grenzen werden uns von vielen Seiten gezogen, da sollten wir nicht auch noch selbst dazu beitragen.

Kristallklar wird das immer in jenen Situationen, wo alles zu stimmen und die Zeit anzuhalten scheint. In Biergärten zum Beispiel, wenn alle zufrieden reden, trinken, essen, lachen, schweigen, einfach die Atmosphäre genießen. Wenn das Licht der untergehenden Sonne durch die Kastanien fällt und das Bier in den Krügen golden erscheinen lässt.

Oder in Schwimmbädern. Wo Mütter Kinder in Handtücher wickeln und ganz fest halten. Wo Väter mit unendlicher Geduld, viel Liebe und ein wenig Bewunderung bei den ewigen Sprungversuchen ihrer Kleinen zuschauen und Tipps geben. Wo sich die Älteren erinnern an die Schaumwaffeln, die es schon früher gab, und selbst den Chlorgeruch nostalgisch verklären. Wo es noch Ahoibrause gibt und Domino-Eis und Capri.

Oder morgens am Meer. Wenn alles jungfräulich ist und noch kein Schiff Wellen ans Ufer wirft. Wo die Krebse scheu die Sonne begrüßen.

Wann immer Sie von Pflichten genervt sind, holen Sie solche Momente aus Ihrem Gedächtnis oder schenken Sie sich welche. Atmen Sie durch und staunen über den Reichtum des Lebens. Die Fülle des Daseins kann uns umhauen.

Der Mensch, durch Erinnern und Imaginieren souverän die Zeit überwindend, braucht beides zum Glück: das Jetzt und das Morgen, egoistische Lusterfüllung und fürsorgliches Sich-kümmern um andere, Neigung und Pflicht, sorglose Euphorie und sorgsame Planung.

Aus
Langenscheidts Leben

>> *Das Leben geht so schnell vorbei und ist selbst bei gnädigem Verlauf so voraussehbar endlich. Wir beobachten es bei unseren Eltern und Großeltern mit fürsorglicher Liebe: Der Körper baut ab und verliert Fähigkeiten, man wird fragiler und anfälliger mit jedem Jahr. Ich wollte wissen, wie sich so etwas anfühlt – aus Sympathie für die mir wichtigen alten Menschen und auch, um mich innerlich vorzubereiten auf die Prozesse des Verfalls und der Schwächung. Denn aufhalten können wir sie durch gesunde Lebensweise und Sport vielleicht eine Weile, vermeiden kaum.*

Ich mietete mir den Age Explorer, eine Art Astronautenanzug, der es ermöglicht, die Prozesse des Alterns in verschiedensten Bereichen des Körpers zu simulieren. Er gibt einem das Gefühl, wie es ist, als Siebzigjähriger vor einem Supermarktregal zu stehen oder in einer geselligen Runde zu sitzen. Man legt sich den Anzug Schritt für Schritt an. Zuerst einige kleine Bänder um die Hände zum Beispiel, um das Nachlassen der Feinmotorik zu demonstrieren. Und wirklich: Das Blättern in Zeitschriften, Büchern und Zeitungen wird spürbar gröber und schwerer. Dann legt man sich flexible Gewichte um die Gelenke und Gliedmaßen, um das Schwinden der Muskelmasse zu spüren und die Einschränkungen in der Beweglichkeit der Gelenke. Das hatte ich mir schlimmer vorgestellt. Doch dann kam es umso härter: Mit einer Art Schirm vor den Augen wird simuliert, dass es für alte Menschen kein reines Weiß mehr gibt, dass Blau und Grün oft verwechselt werden, und vor allem, dass alles gelbstichig wird. Dies führt zu Verwechslungen und – noch fataler – zu einer spürbaren Dämpfung der Grundstimmung. Stellen Sie sich vor, Sie sehen die ganze

Welt nur noch wie auf alten, vergilbten Fotos. Zum Schluss das Schlimmste: die Veränderung im Hören. Es wird extrem anstrengend. Man fühlt sich aufgrund der zunehmenden Schwerhörigkeit ausgeschlossen von jeder Runde. Eine Qual ist es geradezu, wenn Menschen nicht direkt von Angesicht zu Angesicht mit einem sprechen. Alles ist wie unter Wasser. Gerade wenn im Alter das Telefon oder auch Skype die Hauptverbindung zur Welt darstellen, muss das furchtbar sein.

Meine Einstellung alten Menschen gegenüber hat sich seitdem gewandelt. Geduldig spreche ich jetzt langsam, klar und deutlich und schaue sie dabei unverwandt an.

Doch das nur nebenbei gesagt – um vielleicht ein paar älteren Leuten in Ihrer Umgebung das Gefühl des Ausgeschlossenseins von ihren Liebsten zu ersparen und ihnen das Glück liebevoller Zuwendung zu schenken. Nein, für mich selbst hat sich nach der Stunde im Age Explorer der Spaß am Leben heute mindestens verdreifacht. Ich bin dankbar, dass meine Ohren, Augen, Arme, Beine und Hände so gut funktionieren. Ich sehe dies als Geschenk jeden Tag und jedes Jahr, so lang es weiterhin der Fall ist, und werde alles tun, um es nicht unnötig zu gefährden. Altern ist nichts für Feiglinge – der Satz ist so alt wie wahr. Wir brauchen gar nicht den letzten Tag unseres Lebens zu bemühen, nein, eher jedes Jahr, in dem wir uns großer Beweglichkeit, Stärke und Gesundheit erfreuen dürfen. Auch in diesem Sinne findet Glück im Jetzt statt. «

JOURNALISTENLEGENDE CLAUS JACOBI
... über das Glück

Glück ist Zufriedenheit der Seele. Wir können es jagen, aber nicht erzwingen, wir können es suchen, aber nicht kaufen. Und plötzlich lässt es sich auf unserer Schulter nieder, sanft wie ein Schmetterling.

Glück setzt sich Ziele

MAN SCHRIEB DEN 5. AUGUST DES JAHRES 2010 in der chilenischen Atacama-Wüste. Bei einem tragischen Minenunfall wurden fast siebenhundert Meter unter der Erde dreiunddreißig Männer eingeschlossen. Siebzehn Tage überlebten sie mit einer Achtundvierzig-Stunden-Notration unter der harten Führung eines der Kumpels ohne Außenkontakt. Dann drang man immerhin zu ihnen vor, konnte Licht, Nahrung und Rasierzeug bringen. Doch eine Rettung aus der extremen Tiefe schien kaum möglich.

Woran denken Sie, wenn Sie vom chilenischen Militär hören? An Pinochet und Militärdiktatur? Im Sommer und Herbst 2010 präsentierte es sich von einer ganz anderen Seite. Denn es setzte sich das scheinbar unmögliche Ziel, die Kumpel herauszuholen. Die ganze Welt fieberte mit, als das Unterfangen Gestalt annahm. Und unten bei den Minenarbeitern wie oben bei ihren Familien ging das Leben so lange irgendwie weiter. Einer machte einen Heiratsantrag nach oben; einer wurde aus der Entfernung Vater und änderte den Vornamen seiner Tochter in Esperanza, also Hoffnung; und bei einem kündigten sich Probleme an, da Ehefrau und Geliebte sich nicht einigen konnten, wer ihn bei einer möglichen Rettung oben empfangen dürfe.

Das Militär gab Millionen für die Rettung der Dreiunddreißig aus. Und tatsächlich: Am 13. Oktober, neunundsechzig Tage nach der Katastrophe, fuhr die Rettungskapsel Phoenix passgenau durch ein enges Bohrloch und holte einen nach dem anderen unversehrt an die frische Luft und ans Tageslicht zurück. Die Rettungsaktion dauerte zweiundzwanzig Stunden und neununddreißig Minuten.

Eine schönere Demonstration der Macht und des Glanzes von Zielsetzung lässt sich kaum finden. Chile, gebeutelt von Militärdiktatur, Wirtschaftsproblemen und Erdbeben, kehrte fulminant in das positive Bewusstsein der Weltöffentlichkeit zurück. Wer hätte das für möglich gehalten?

An etwas glauben und alles Erdenkliche tun, um es zu erreichen – was hat das für eine Kraft! Nie, nie werde ich die Gesichter der Bergleute vergessen, als sie – jeder eine ganz eigene Persönlichkeit – der Kapsel entstiegen. Ich klebte die Stunden am Bildschirm und sah die stille Freude des Introvertierten ebenso wie den extrovertierten Sportler, der kraftvoll und euphorisch einen Fußball wegschoss.

Wir leben im Jetzt und sollten das tun. Aber tritt nicht das Ziel hinzu, etwas in der Zukunft erreichen zu wollen, wird die Sinnfrage sich immer wieder wie eine Wolke vor den Gegenwartsgenuss schieben. So richtig das Jetzt genießen können die meisten von uns erst, wenn sie es sich vor oder nach der Arbeit am Erreichen persönlicher Ziele gönnen. Glück oszilliert zwischen beiden Polen und wirkt einbeinig, vernachlässigen wir einen von beiden.

Ohne Ziele wirkt Leben wie eine Jeepfahrt über strukturlose Steppe. Es fehlt ihm jede Richtung, jeder Sinn. Gewiss, ich kann in totaler Freiheit überallhin rasen, aber warum? Mit einem Ziel im Kopf kann ich auch jeden Kilometer genießen, bin aber enttäuscht, wenn ich nicht vorankomme, und glücklich, wenn alles gut läuft. Ich bekomme einen Maßstab für mein Handeln, für meinen Erfolg oder Misserfolg.

Wer ist der beliebteste Mann der Welt? Der Dalai Lama. Und was macht ihn wohl dazu – neben seiner Ausstrahlung von Weisheit, Güte, Würde, Bedürfnislosigkeit und Menschenliebe? Ich glaube, weil er zweierlei verbindet: Er hat reales Leid erfahren, als er 1959 aus seiner geliebten Heimat Tibet vertrieben wurde und sich im hässlichen Dharamsala in Nordindien ansiedelte. Und er hat ein Ziel vor Augen, das er seitdem mit seiner ganzen Kraft verfolgt: die Autonomie Tibets. Ob er selbst noch daran glaubt, diese je zu erreichen, wage ich zu bezweifeln. Aber er kämpft. Und gibt nicht auf. Das macht ihn beeindruckend, authentisch und sympathisch. Glück bedeutet nicht, einfach hinzunehmen, was ist, und sich irgendwie damit zu arrangieren. Es bedeutet auch nicht Blauäugigkeit. Oft müssen wir kämpfen, um glücklich zu sein, und erst der Kampf macht uns zu Menschen und unser Leben zu einem würdigen. Ob wir das Ziel erreichen, ist manchmal fast nebensächlich. Nur verraten darf man es nicht. Mancher, der ein ehrgeiziges Ziel nicht erreicht, ist glücklicher und auch für andere beglückender als jener, der beim ersten Gegenwind aufgibt und vergisst, wo er eigentlich hinwollte.

John F. Kennedy, trotz mancher Schwäche einer der faszinierendsten Politiker, die es je gab, setzte sich in seiner so jäh beendeten Amtszeit als US-Präsident unglaubliche Ziele – von der sozialen Gerechtigkeit über die Gleichbehandlung aller Menschen bis zum ersten Menschen auf dem Mond. Erreicht hat er sie nicht alle, aber die Welt hat er verändert. Glück ist auf der einen Seite Hingabe an die Gegenwart mit all unseren Sinnen, auf der anderen Seite aber auch Kampfeswille und Leidenschaft für Gerechtigkeit und Freiheit. Nur diese lassen die Großen unter uns glücklich werden und ermöglichen den vielen von uns ein Leben in Glück und Würde.

Wer keine Ziele hat, kann sich nicht darüber freuen, welche zu erreichen. Wer nichts von sich und anderen erwartet, kann nicht glücklich darüber sein, wenn seine Erwartungen übertroffen werden. Schon vor der Schule will jedes Kind Ziele gesetzt bekommen und versucht, sie zu erreichen. Wie leer und öde ist das Leben ohne kleine oder große Ziele, für die wir lernen und trainieren! Erfolg heißt, einmal mehr aufstehen als hinfallen, sagt man in den USA.

Eckart von Hirschhausen spricht von Glück als Überwindungsprämie. Es gilt, den inneren Schweinehund zu überwinden, also raus aus den Federn, dem Liegestuhl oder der Wohnung und hinein in die Auseinandersetzung mit anderen! Wer sich nicht testet und misst, versäumt einen Großteil möglichen Glücks im Leben.

Dabei muss es nicht unbedingt um die Rettung der Welt gehen. Ziele können oft ganz klein sein – umso leichter sind sie zu erreichen und umso häufiger kann man sich daran freuen.

»Gewonnen oder verloren wird zwischen den Ohren« heißt es bei den Coachs – und da Glück eher oben als unten auf dem Treppchen steht, hilft ein klares Ziel zweifelsohne beim Glücklichwerden. Natürlich ist Glück auch möglich in der Abkoppelung von Leistung und Wettbewerb, aber die Welt besteht nun mal zum großen Teil daraus, und da ist der überlegen, der weiß, wo er hinwill. Denken Sie an Bill Gates, der zum reichsten Mann der Welt wurde mit der Vision, auf jedem Bürotisch würde ein Computer stehen – mit seinem Betriebssystem und seiner Software. Oder an Google, die zeitweise

> **STARK IST, WER MEHR TRÄUME HAT, ALS DAS LEBEN ZERSTÖREN KANN.**

GLÜCK SETZT SICH ZIELE

teuerste Marke der Welt, mit seiner klaren Vision, das ganze Wissen der Welt zu organisieren und jederzeit jedem und jeder von uns verfügbar zu machen.

Dabei ist es nicht so, dass jeder auf dem Weg zu einem Ziel das Zielfoto immer schon im Kopf hat. Steve Jobs, das Genie hinter Apple, machte das in seiner legendären »Graduation Speech« an die Studenten in Stanford 2005 schön mit einem kleinen Beispiel klar. Er erzählte, wie er das Studium geschmissen hatte und sich nur noch Dingen widmete, die ihn wirklich faszinierten. Typografie und Layout waren dabei – und er fragte sich, warum. Zehn Jahre später, nach der Gründung von Apple Computer, wusste er es. Apple wurde zum ersten Computer mit schönen Schriften und menschlichem Design.

Welche Szenen haben die Deutschen im Kopf, wenn sie an Glück denken? Was hat der ganzen Welt klargemacht, dass das vermeintlich Unmögliche möglich werden kann? Der Mauerfall und die weinenden und sich umarmenden Menschen in der Nacht vom 9. auf den 10. November des Jahres 1989. Und was stand hinter der friedlichen Revolution, welche dieses Vereinigungsglück ermöglichte? Ein klares Ziel. Und ein Gefühl: Wir sind das Volk!

Ziele sind Wegmarken, sie funkeln und strahlen, sie geben unserem Sein erst das wirkliche Licht. Oft sind sie anfangs nur ein vages Leuchten am Horizont, aber wer dieses nicht wahrnimmt, beraubt sich der Hoffnung. Und wer nicht einfach mal losgeht noch ohne Wissen, wie der Horizont je zu erreichen ist, wird keine Spuren hinterlassen.

Aus
Langenscheidts Leben

>> *Recht früh im Leben habe ich auf eindrückliche Weise gelernt, wie bedeutsam Ziele fürs Glück sind, wie selten sie sich aber so erreichen lassen, wie man es sich ursprünglich denkt.*

Wegen meiner Brille musste ich aus unerfindlichen Gründen nicht zur Bundeswehr. Nun wollte ich zwischen Abitur und Studium etwas für die Allgemeinheit tun und entschied, dafür ins Ausland zu gehen. Ich landete als Resozialisierungshelfer in Caen in der französischen Normandie: im »Foyer du Jeune Travailleur«. Was mich dort erwartete: achtzig Männer, die meisten von ihnen physisch mir eindeutig überlegen, die sich kriminell hervorgetan hatten und denen eine Chance gegeben werden sollte, nach Jugendgefängnissen und so weiter wieder Boden unter den Füßen zu bekommen und sich ein Leben aufzubauen. Sie lebten in zellenartigen Zimmern. Hauptberuflich für sie zuständig war ein älterer und sehr erfahrener Direktor mit Vollbart, der sich nicht mehr so stark um Alltagsdinge kümmern wollte, und eine Sozialpädagogin, welche die Verantwortung als Nine-to-five-Job ansah. Ich dagegen, der ja nur ein Jahr bleiben wollte, dachte mir, ich könnte mich ganz hineinwerfen. Ich zog daher in eine der Zellen und wollte Tag und Nacht für die Jungen da sein.

Die Beobachtungen der ersten Wochen waren desaströs: Die jungen Männer waren eigentlich nur an Alkohol, Fußball, Fernsehen und Gewalt interessiert. Immer wieder musste ich wegen blutiger Messerstechereien den Notarzt holen, und auch die kontinuierliche Gefährdung und Bedrohung meiner selbst war nicht gerade ein Spaß. Das Ziel meiner Arbeit war klar: den jungen Männern wieder das Gefühl von Glück zu schenken in Arbeit, Liebe, Hobbys und Unabhängigkeit. Der Weg schien mir eben-

GLÜCK SETZT SICH ZIELE

falls klar: Ich bot Kurse an, von denen ich annahm, dass sie die Männer interessieren müssten: Basketball, Gitarre, Lyrik, Kanufahren ... Aber kein Schwein kam, niemand interessierte sich für diese Dinge.

Dann lernte ich die Frau kennen, die die gleiche Verantwortung in einem Frauenheim trug. Wir kamen auf die naheliegende Idee, eine große Party zu organisieren, damit Männlein und Weiblein zueinanderfinden könnten. Plakate waren schnell gemalt und aufgehängt. Der alte Direktor rief mich zu sich (was er sonst nie tat) und sagte, wir seien verrückt. Die jungen Männer könnten mit ihren Hormonen nicht umgehen, und eine solche Party würde wahrscheinlich zu Todesfällen durch Messerstecherei aufgrund hohen Alkoholkonsums führen. Ich nahm das zur Kenntnis, bedauerte aber, es sei zu spät, um noch etwas zu ändern. Die Plakate hingen ja bereits.

Wir überlebten den Abend so gerade.

Doch dann kam die überraschende Wende. Meine Jungs hatten Nathalie, Pascale und Emanuelle kennengelernt und waren mehr als begeistert. Sie luden sie ein, mit ihnen zu trinken und Fußball zu schauen. Sehr bald allerdings setzte sich die Erkenntnis durch, dass dies bei den Damen nicht so ankam, und plötzlich standen die Männer bei mir auf der Matte. Ich hätte doch Kurse angeboten. Sei das nicht etwas, was Frauen interessieren könnte? Ich tat so, als würde ich die Frauen kennen, bejahte aus vollem Herzen und ermutigte sie, die Mädels mitzubringen. Plötzlich waren Gitarren- und Lyrikkurse voll. Und das Unmögliche wurde möglich: Meine Ziele wurden erreicht. Mehr als die Hälfte der jungen Männer hatte nach einiger Zeit Arbeit und eine kleine Wohnung und freute sich des Lebens mit Nathalie, Pascale oder Emanuelle. Ich habe so etwas nie wieder erlebt: auf der einen Seite die umwerfende Macht der Liebe, auf der anderen die mächtiger Ziele.

Auch wenn es vollkommen in den Sternen steht, wie sie zu erreichen sind: Wir müssen es nur ernsthaft versuchen. **«**

Wenn Sie mal wieder am Leben verzweifeln, denken Sie an
... JÜRGEN SCHULZ

Was ist schlimmer, als sein Kind früh zu verlieren? Der Sohn von Jürgen Schulz ist gerade mal siebendreiviertel Jahre alt, als er an Blutkrebs stirbt. Jürgen Schulz verfällt wie jeder von uns in tiefe Trauer und zieht sich zurück. Doch dann – und das würden nicht viele von uns schaffen – gründet er das erste Kinderhospiz, den Sonnenhof in Berlin. Dort können todgeweihte Kinder in Ruhe und Würde, umgeben von ihrer Familie, ihre letzten Wochen und Monate verbringen. Auf die Frage, ob ihn all die sterbenden Jungs und Mädchen nicht ständig an seinen Sohn erinnern, sagt er ruhig: Ja, und das sei schmerzlich, aber der Schmerz verbinde sich mit dem tröstlichen Gefühl, dass sie und ihre Angehörigen einen schöneren Abschied hätten als er und sein Sohn.

IX Glück ist Einstellungssache!

SIE SEHEN AUF EINE LANDSCHAFT. Einmal trübe verhangen mit Regenwolken. Und dann, wenn die Sonne hinter den Wolken hervorbricht, der Himmel blau wird, Licht und Schatten miteinander spielen, Wärme auf der Haut liegt. Es ist die gleiche Landschaft – und doch ist alles anders. Einmal deprimierend, einmal beglückend. Einmal zieht sie uns herunter, einmal beflügelt sie uns.

In diesem Fall ist es die Sonne, die alles verändert. Unser aller Wärme- und Energiespender. Aus Schwarz-Weiß macht sie Farbe, aus Tristesse Euphorie. Wir sind unglaublich sonnen- und wetterabhängige Wesen. Was für ein Morgen, wenn die Sonne ins Schlafzimmer scheint – und was für einer, wenn der Nebel hineinkriecht.

Was die Sonne für Wetter und Klima, ist unsere Grundeinstellung für Glück und Lebensfreude. Landschaften und Geschehnisse sind vielfach vorgegeben, aber mit der Art des Lichtes und der Grundgestimmtheit ändert sich alles.

Jemand hat einmal aus Begeisterung über eine Gesetzesänderung einen Brief an alle deutschen Bundestagsabgeordneten geschrieben und ihnen herzlich gedankt. Mehr als die Hälfte schrieb zurück – mit dem Tenor, so etwas sei ihnen fast noch nie passiert. Immer würden alle auf ihnen herumhacken, kritisieren, was getan wurde, und fordern, was zu tun wäre.

Wenn Sie Politiker treffen, tun Sie deshalb doch mal genau das nicht, sondern danken ihnen für ihren enormen Einsatz für uns alle und dafür, wie sie versuchen, aus Visionen Verordnungen zu machen. Auf die Reaktionen dürfen Sie sich freuen. Denn wer würdigt schon die Kärrnerarbeit und das langwierige und anstrengende Bemühen, Kompromisse auszuloten und Mehrheiten zu schmieden?

Machen Sie auch mal ein anderes Experiment und hacken nicht auf einem Angestellten der Deutschen Bahn wegen Verspätung oder schlechten Services herum, sondern machen ihm oder ihr ein Kompliment für seinen Umgang mit einer schwierigen Situation oder für seine Dienstleistung insgesamt. Sie werden erstaunt sein ...

Sicher: In Ländern, in denen immer die Sonne scheint, fehlt ein wenig die Abwechslung. All die Gefühle, die wir haben, wenn die Sonne weggeht und erst recht wenn sie wiederkommt. *Nur* Sonne ist etwas langweilig. *Nur* gute Laune sicher auch. Aber als Grundstimmung ist sie das schönste Geschenk, das wir uns selbst und unseren Nächsten machen können. Sie kostet nichts. Das Frohsein macht aus Durchschnittlichem Besonderes, lässt einen mit Durchhängern lockerer und humorvoller umgehen und veredelt das Schöne zu Unvergesslichem.

Wir können von fast allem genervt sein – oder es genießen. Das bezieht sich sogar aufs Wetter selbst, das hier gerade als Vergleich herhalten musste. Regnet es, grantelt mancher, statt es sich zu Hause gemütlich zu machen. Scheint dann die Sonne, ist es manchem zu heiß und kaum erträglich. Dümmer kann man mit den Angeboten des Lebens kaum umgehen.

GLÜCK IST EINSTELLUNGSSACHE!

Selbst am schönsten Urlaub kann man rummäkeln – sei es nur, weil man das Hotel überteuert findet, nicht genug Sonnenliegen zur Verfügung stehen und das Essen fad ist.

Das Leben ist wie eine Ausmalvorlage für Kinder. Es gibt in Schwarz-Weiß die Strukturen vor, und wir können sie ausmalen, wie wir wollen. Und müssen oder dürfen dann mit den Folgen leben – ob es ein düsteres Bild ist, in dem wir leben, oder ein farbenfrohes.

Überraschungen lauern überall rechts und links unseres Weges. Auch sie kann ich übersehen oder ihnen Zeit und Aufmerksamkeit schenken.

Sogar wenn der Eierkocher summt in der Küche, können wir uns erschrecken angesichts des vermeintlichen Alarms oder uns aufs Schinkenbrot mit gekochtem Ei freuen.

Glücksgefühle statt Griesgram, Lächeln statt heruntergezogener Mundwinkel – wer das schafft, belohnt sich selbst.

Das Glück liegt in uns. Ob im Hirn (das würden die Naturwissenschaftler wegen Dopaminausschüttungen zum Beispiel sagen), im Herz oder weiter unten entzieht sich unserer Kenntnis. Aber in uns – da gibt es keinen Zweifel.

Leben wir so, wie wir fast immer fotografieren! Man sucht neben dem Altbekannten Überraschungen und den ungewohnten Blickwinkel. Man motiviert die Fotografierten zum Lachen, wählt gelungene Bildausschnitte, fotografiert lieber das Schöne und Besondere als die Tiefebene oder Müllhalde.

> **FROH ZU SEIN, BEDARF ES WENIG, UND WER FROH IST, IST EIN KÖNIG.**
> VOLKSLIED VON AUGUST MÜHLING

Damit soll das Negative in der Welt weiß Gott nicht verdrängt oder verleugnet werden. Nur führt es niemanden weiter, wenn er sein Denken primär daran ausrichtet. Entweder ist es nicht zu ändern, oder wir haben Chancen zur Verbesserung – aber dann ist der positiv Denkende sicherlich der mit der größeren Energie und Hoffnung. Denn um die Welt zu ändern, brauchen wir viel Zuversicht, dass das geht.

Wir kennen es aus dem Alltag: Wer ständig glaubt, dass alles schiefgeht, dem geht alles schief. Wer furchtsam an große Aufgaben herangeht, hat schon halb verloren. Positives Denken hingegen zieht das Gelingen an und rechtfertigt sich dadurch rückwirkend.

Wer liebt es nicht, wenn Kinder fast ausflippen vor Begeisterung und Vorfreude? Wenn sie ein Geschenk auspacken oder vor der verschlossenen Weihnachtszimmertür sitzen. Wenn sie den Sandstrand am ersten Ferientag erblicken oder zum siebzehnten Mal das Gespenst hinter dem Vorhang spielen. Begeisterungsfähigkeit ist eine Liebeserklärung ans Leben. Sie dankt euphorisch und mit leuchtenden Augen dafür, dass wir leben und so viel erleben dürfen. Wer sie nicht hat, dem fehlt das Feuer. Und wer das Kind in sich zum Schweigen bringt, geht freiwillig ins dunkle Haus, wenn draußen die Sonne scheint.

Nochmals: Dass immer die Sonne scheint, ist hier nicht der Punkt (und wäre eher krebsfördernd). Dunkle Momente, Krankheit, Schmerz und Tod gehören zum Leben. Schon die Geburt ist schmerzhaft. Und es gibt viele Zwischentöne und -stimmungen, die wir nicht missen wollen, auch wenn in ihnen die Sonne oft tief verhüllt ist. Das Granteln des Bayern ist ein schönes Beispiel. Er würde es nie gegen positives Denken eintauschen wollen. Dazu macht es ihm viel zu viel Freude, an allem ein wenig herumzukritisieren. Melancholie, Sehnsucht und ein wenig Weltschmerz sind zum Beispiel Stimmungen, ohne die wir nicht leben möchten. Aber das ist es eben: »nie eintauschen wollen«

oder »nicht ohne leben wollen«! Offensichtlich dienen auch solche Stimmungen auf verquere Weise dem Glück. Genauso, wie wir uns über manchen Sturm oder Schauer freuen und viele Menschen Sylt Sizilien vorziehen. Nur sollten wir bewusst entscheiden, was wir wollen vom Leben und was nicht. Und nicht fremdgesteuert oder aus Versehen in Einstellungen gleiten, die den Weg zum Glück verbauen.

Aus
Langenscheidts Leben

>> *Können Nationen glücklich oder unglücklich sein? Wir Deutschen neigten in den letzten Jahrzehnten eindeutig zum Unglück. Zu Recht. Wir haben so enorme Schuld auf uns geladen und den Menschen von 1933 bis 1945 so viel Grausames angetan, dass es einfach lange dauern musste, all die Schuld und Scham wirklich anzunehmen. Auf dem World Happiness Ranking der United Nations landeten wir immer auf mittelmäßigen Plätzen – teilweise weit hinter Nationen, denen es objektiv und materiell sehr viel schlechter geht als uns. Das war aus anderen Gründen beschämend, weil wir offensichtlich nicht in der Lage waren, wahrzunehmen und zu schätzen, wie gut es uns geht.*

Wir haben ein soziales Netz, das niemanden verhungern oder verdursten lässt auf den Straßen. Wir haben eine medizinische Versorgung, nach der sich fast alle Länder der Welt die Finger lecken. Wir haben eine innere Sicherheit, die trotz aller beklagenswerten Einzelfälle einzigartig ist in der Welt. Wir haben eine Infrastruktur vom Handy bis zur Autobahn, die ihresgleichen sucht in der Welt. Wir sind eine extrem stabile Demokratie, in der die Medien zu Recht aufschreien, wann immer auch nur der geringste Ver-

stoß gegen Meinungs- oder Pressefreiheit droht. Wir sind in der Weltpolitik zu einem der wichtigsten Einflussfaktoren für Frieden, Dialog und Stabilität geworden und haben uns zum Gegenteil einer kriegstreiberischen oder aggressiven Nation entwickelt. Wir haben die einzigartige Herausforderung der Wiedervereinigung friedlich und gewaltfrei bewältigt.

Ich könnte lange fortfahren – und es entsteht das Bild einer Nation, deren Angehörige allen Grund hätten, glücklich (und auch ein wenig stolz) zu sein. Und trotzdem war bei den Deutschen bis zum Jahr 2006 immer diese gewisse Unzufriedenheit spürbar, ein ewiges Lamentieren und Fokussieren auf alles Negative. Wir gingen immer ein wenig verschämt mit hängenden Schultern und zu Recht schuldbewusst durch die Welt. Und es ist bei Nationen nicht anders als bei Individuen: Man ist lieber mit Partnern zusammen, die selbstbewusst durchs Leben gehen und sich selbst – und daher auch andere – schätzen und mögen als mit welchen voller Selbstzweifel und Unsicherheit. Dementsprechend fielen die Beliebtheitswerte der Deutschen in der Welt aus ...

Dann kam 2006. Am Anfang des Jahres stand die großartige Kampagne aller führenden deutschen Medienunternehmen: »Du bist Deutschland.« Sie wollte einen Beitrag leisten zum Ende der Larmoyanz und zum Start in ein neues Selbstbewusstsein. Jede und jeder von uns einundachtzig Millionen ist mitverantwortlich für das Glück oder Unglück unserer Nation. Wir sollten nicht immer auf Berlin starren, als käme das Heil oder Unheil von dort. Wir sind die Nation. Die Riesenkampagne zeigte enormen Erfolg: Mehr als elf Millionen Deutsche sahen sich in ihrer Folge stärker in der Verantwortung und hatten mehr das Gefühl, etwas bewirken zu können, wenn sie nur wollen.

GLÜCK IST EINSTELLUNGSSACHE! IX

Und Mitte des Jahres kam dann das Sommermärchen: die Weltmeisterschaft im Herrenfußball. Klinsmann mit seinem unerschütterlichen Optimismus führte die Männer zu einem allseits überraschenden und erfreulichen dritten Platz. Was aber viel wichtiger war: Plötzlich erlebten wir uns als weltoffene, lockere, freundliche und lässige Gastgeber. Die Welt zu Gast in Deutschland veränderte Innen- und Außensicht der Deutschen gleichermaßen. Gleichzeitig fanden wir zurück zu einem normalen und entspannten Umgang mit unseren Nationalsymbolen. Meine Söhne und ihre Freunde sangen mit Hand auf dem Herzen textsicher die deutsche Hymne am Anfang der deutschen Spiele; überall waren deutsche Wimpel auf den Autos zu sehen und Fahnentattoos auf den Wangen. Nichts Nationalistisches schwang da mit, sondern ein lockeres Selbstbewusstsein, das wir uns über die Jahrzehnte auch wieder verdient haben.

Als jemand, der sich so lange und so intensiv mit dem Glück der Menschen beschäftigt hat, war ich euphorisch und dankbar. Hatte der Sport doch vermocht, was die klügsten Marketingexperten nicht herzaubern konnten.

Doch 2007 krochen Selbstmitleid und Klagen wieder durch alle Fenster- und Türritzen ins öffentliche Bewusstsein. Ich war schockiert und überlegte, was ich als Publizist dagegen tun könnte. Einem Mann, der Langenscheidt heißt und dessen Familie sich seit über hundertfünfzig Jahren mit Wörterbüchern beschäftigt, möge man verzeihen, dass ihm in solchen Situationen Wörterbücher in den Sinn kommen. Ergebnis meines Denkens und Schreibens jedenfalls war das »Wörterbuch des Optimisten«. Es erschien im September 2008 – dem Monat des globalen Finanzcrashs. Als hätte ich es geplant ...

Seitdem bin ich in Deutschland, Österreich und der Schweiz unterwegs und rede über Optimismus. Die Nachfrage ist groß: In Zeiten, in denen die Medien wegen gravierender wirtschaftlicher Probleme auch in allen anderen Lebensbereichen kaum mehr Positives berichteten, wuchs offenbar eine Sehnsucht nach guten Nachrichten.

Möge Deutschland auf dem Weg bleiben, den es 2006 eingeschlagen hat. Es wäre beglückend für die Deutschen selbst, aber zugleich für alle, die mit ihnen zu tun haben. Schauen wir auf Untersuchungen zur Beliebtheit der Nationen der Welt seit 2006, zeigt sich deutlich, dass Deutschland plötzlich ganz nach oben aufgestiegen ist zu Ländern wie Norwegen, Finnland, Schweiz, England und Kanada. Glück ist eben Einstellungssache – auch bei Nationen. «

AIR-BERLIN-GRÜNDER JOACHIM HUNOLD
… über das Glück

Wenn ich unzufrieden bin, liegt es an mir selbst. Dann muss ich es ändern. Ich hab mein Leben ja selbst in der Hand. Wer immer andere verantwortlich macht, macht sich unglücklich.

EX-NATIONALTORHÜTER JENS LEHMANN
ergänzt:

Glück ist, wenn alles passt.

Erwartungen – optimistisch oder pessimistisch?

BEGINNEN WIR GANZ EINFACH. Sie ziehen um. Das Sofa ist hochgeschleppt, die Zimmerpalme steht (und hat überlebt), auf dem Bett liegt schon das Bettzeug, das Buchregal ist wieder aufgebaut. Davor stehen zwölf unausgepackte Umzugskisten mit Büchern und im Schlafzimmer fünf hohe Kisten mit all den hängenden Kleidungsstücken. In der Küche stapeln sich Kisten mit Geschirr, Besteck, Töpfen, Pfannen, Gläsern.

Es ist 16 Uhr 30. Die beiden Umzugshelfer verabschieden sich. Jetzt kommt der wichtige Moment. Sie haben die Wahl.

Sie können unzufrieden angesichts all des nicht Ausgepackten in die Runde sehen und noch einmal loslegen. Eine Kiste nach der anderen gehen Sie an, sagt Ihr inneres Programm doch, alles müsse heute noch verräumt werden. Vielleicht schaffen Sie die Hälfte, bevor Sie nach dem anstrengenden Tag umfallen – aber werden Sie damit zufrieden sein? Sie haben Ihr selbst gestecktes Ziel ja nicht erreicht und überdies alles schlampig und lieblos in die Regale geschmissen, nur um fertig zu werden. Dabei haben Sie sicher Genussoptionen verschenkt, denn nimmt man sich die doppelte Zeit, wird manches von Pflicht zu

Vergnügen. Man lächelt angesichts einer kitschigen Urlaubsreminiszenz, liest sich in Briefen fest, freut sich, dass eine Hose wieder passt, findet eine perfekte neue Systematik für seine Bücher und so weiter. All das werden Sie im Zweifelsfall nicht nachholen. Es stellte die Kette ganz besonderer und beseelter Momente dar, die es nie wieder geben wird. Sie haben sie sich selbst genommen durch die hochgesteckte Erwartung, alles müsse heute ausgepackt werden.

Die andere Wahlmöglichkeit hätte Ihnen all das geschilderte Glück geschenkt. Sie hätten sich zufrieden umgeschaut in der neuen Wohnung und erst mal tief durchgeatmet. Alles geschafft, alles drin. Dann hätten Sie vielleicht ein wenig die Atmosphäre der neuen Räume wahrgenommen und sich den ersten Espresso in der chaotischen Küche gemacht. Sie hätten sich gesagt, dass Sie sich einen kleinen Spaziergang verdient haben, und wären ein wenig in der neuen Umgebung herumgegondelt, hätten den Eismann um die Ecke kennengelernt und beim Zurückkommen ihren sympathischen Nachbarn. Um halb acht hätten Sie dann in der Küche eine Flasche Wein, ein Glas und einen Korkenzieher auf Anhieb aus der richtigen Kiste gefischt, hätten nach diesem Erfolgserlebnis gleich auch noch den iPod samt Abspielstation gefunden und Ludovico Einaudi gewählt. Und dann läge ein Abend vor Ihnen, an dem Sie genussvoll all das erlebt hätten, worauf Sie bei der ersten Wahl verzichtet hätten.

Zugegeben, Sie hätten an dem Abend höchstens ein Drittel der Kisten geschafft. Aber wen kümmert das schon? Der Zeitdruck und das innere Programm, nach dem wir handeln, sind zu einem Großteil selbst gemacht. Hat jemand von Ihnen verlangt, heute Abend mit allem fertig zu werden? Reicht das nächste Wochenende nicht auch?

ERWARTUNGEN – OPTIMISTISCH ODER PESSIMISTISCH?

Dies soll weiß Gott kein Plädoyer für Faulheit und gegen Ehrgeiz sein. Mal ist das eine richtig, mal das andere. Aber für einen bewussten Umgang mit eigenen Erwartungen will ich leidenschaftlich plädieren! Wir sind meistens selbst am Steuer und können entscheiden, welche Ziele wir uns setzen und mit welchen Erwartungen wir ans Leben herangehen. Im Job, in Notlagen und mit Kindern zum Beispiel ist man oft fremdbestimmt und hat keine Wahl. Aber daraus sollte nicht geschlossen werden, dass dem im Allgemeinen so ist.

Natürlich befriedigt es einen Hochspringer nicht, sich die Latte auf achtzig Zentimeter zu legen, da es langweilt, sie zu überspringen. Und genauso werden wir uns schnell einigen, dass es nicht sinnvoll ist, zwei Meter achtzig anzuvisieren, wenn kein Mensch je auch nur in die Nähe einer solchen Leistung gekommen ist. Aber zwischen eins zwanzig und zwei zwanzig ist – bildlich gesprochen – viel Platz für Sie und Ihren bewussten Umgang mit Erwartungen an sich selbst. Spielen Sie damit, beobachten Sie sich, lernen Sie von sich! Manchmal wird Sie nur extremer Ehrgeiz befriedigen und Sie werden achtmal springen, bis Sie es endlich schaffen, und manchmal werden Sie symbolisch gesehen Hängematte, Musik und ein Glas Wein bevorzugen. Horchen Sie in sich hinein und nehmen Sie ernst, was Sie da hören. Lassen Sie sich nicht zu sehr von anderen oder den Medien beeinflussen. Sie sind Herr Ihres Lebens und Ihres Glücks!

Das gilt für fast alle Lebensbereiche. Wenn Ihr Partner Mr Perfect sein muss und Sie alles andere nicht akzeptieren wollen, werden Sie Ihre Beziehung ruinieren, obwohl er vielleicht der Bestmögliche ist – nur eben mit ein paar Macken wie jeder von uns. Wenn Sie im Urlaub nur mit hundert Prozent Sonnenschein zufrieden sind, wird Sie das Wetter zwangsläufig enttäuschen. Wenn Sie beim Erlernen einer Sportart davon ausgehen, dass es immer nur nach oben geht, werden Sie vor Frust in manchen Schläger beißen.

Mit solchen Beispielen kann man die Position eines gepflegten und durchaus intelligenten Pessimismus unterstützen. Man hält den Ball grundsätzlich flach und lässt sich lieber positiv überraschen. Der populärste Glücksforscher an der Harvard University, Tal Ben-Shahar, etwa schreibt:

»Die unrealistische Erwartung eines permanenten Hochgefühls führt unweigerlich zu Enttäuschungen und Gefühlen der Unzulänglichkeit und damit zu negativen Emotionen. Um glücklich zu sein, muss man sich nicht ständig ekstatisch fühlen und auch nicht ununterbrochen positive Emotionen haben.«

Doch das ist nur die eine Seite der Medaille, nur eine Seite unseres Umgangs mit uns selbst und der Zukunft. Wenn wir eine kleine Grippe haben, hilft es uns eindeutig mehr, optimistisch von einer schnellen Heilung auszugehen, als pessimistisch anzunehmen, es müsse Schweinegrippe sein. Wenn wir das Herz einer Frau erobern wollen, haben wir bessere Erfolgschancen, wenn wir an uns und unsere Wirkung auf sie glauben als wenn wir zweifeln. Wenn wir eine Bürgerinitiative erfolgreich durchsetzen wollen, müssen wir an die Möglichkeit des Gelingens glauben, sonst ist ihr Misserfolg vorprogrammiert.

GLÜCKLICH IST, WER SEIN LEBEN LIEBT UND SEINE ZEIT NICHT DAMIT VERBRINGT, AUF EIN BESSERES ZU WARTEN.

In all diesen Beispielen ist der Optimismus mit seinen hochgesteckten Erwartungen sicherlich die Grundeinstellung mit dem größeren Glückspotenzial.

Sie merken, je mehr Ihre Initiative gefragt ist, desto wichtiger wird es für den Verlauf der Handlung selbst, ob Sie hohe Er-

ERWARTUNGEN – OPTIMISTISCH ODER PESSIMISTISCH?

wartungen an sich stellen oder nicht. Wenn es das Leben um Sie herum betrifft, dann ist es mehr eine Frage des Umgangs mit Enttäuschungen und Rückschlägen, die nicht in Ihrer Hand liegen.

Wer nichts von sich und anderen erwartet, wird auch nichts Großartiges leisten oder bewegen. Das ist so wahr wie der Satz, dass der Überehrgeizige oft in Frust und Enttäuschung endet.

»Die Hoffnungslosigkeit ist schon die vorweggenommene Niederlage«, schreibt Karl Jaspers. Und Primo Levi meint: »Alle Hoffnungen sind naiv, aber wir leben von ihnen.«

Wir sprachen von Umzügen. Sprechen wir von etwas Komplizierterem, der Erwartung von Frauen an ihr Äußeres.

Eine BBC-Befragung von fünfundvierzigtausend britischen Frauen ergab, dass sechzig Prozent ihren eigenen Anblick im Spiegel nicht ertragen können. Wie lässt sich diese Masse Unglück erklären?

Ich glaube, durch schlechtestmögliches Management von Erwartungen. Frauen sind umringt von Idealgesichtern und Traumkörpern. Jeder Zeitschriftenkiosk ist voll davon, und viele Fernsehsendungen und Filme auch. Die meisten Frauen vergessen, dass tendenziell nur jene Mädchen und Frauen zu sehen sind, die aufgrund ihrer gottgegebenen Attraktivität die entsprechenden Berufe des Models oder der Schauspielerin gewählt haben. Sie vergessen, dass diese Mädels meistens zwischen achtzehn und fünfundzwanzig Jahren jung sind. Sie vergessen, dass manchmal ein Schönheitschirurg nachgeholfen hat und immer ein Make-up-Artist und ein Friseur. Sie vergessen, dass in stundenlangen Studiosessions ein ganzes Team von Profis gearbeitet hat – vom Fotografen über den Stylisten bis zum Lichtexperten. Sie vergessen, dass dann aus Tausenden von Fotos eines ausgewählt wurde. Und dass an diesem dann noch lange mit Photoshop gearbeitet wurde, damit auch das letzte Glänzen der Haut oder der letzte Pickel verschwunden ist.

Wie schon gesagt: schlechtestmögliches Erwartungsmanagement. Wie kann eine Frau da gewinnen oder auch nur gleichziehen, wenn sie gerade aus dem Bett kommt? Das merkt man auch umgekehrt an Models, die Probleme haben, an ihnen interessierten Männern zu erklären, warum sie in Wirklichkeit nicht so aussehen wie auf dem Cover.

Aus diesem Mechanismus muss frau raus, sonst ist vorprogrammiert, dass sie lebenslang unglücklich sein wird mit ihrem Äußeren. Sie sollte versuchen, den Komplimenten ihres Liebsten zu vertrauen. Und den bewundernden Blicken der Kollegen. Und ihrem eigenen Geschmack. Wenn sie auf dem Fahrrad sitzt, ist sie doch auch nicht mit sich unzufrieden, weil ein Sportwagen schneller ist.

Schönheitschirurgen erzählen immer wieder, wie oft insbesondere junge Mädchen zu ihnen kämen mit dem Begehren, auszusehen wie ein gerade angesagter Popstar oder ein Model. Die guten Chirurgen schicken solche Mädchen nach Hause – und zwar aus zwei Gründen: Erstens würden sie es nicht schaffen, und wenn doch, würde das Mädchen nicht glücklich, da sie sich sofort jemand anderen als Projektionsfläche aussuchen würde. Die Unzufriedenheit mit sich selbst stecke in dem Menschen und nicht in seiner Oberfläche. Tragisch, oder?

Schwer zu sagen, warum, aber Männer haben es da leichter. Ich kenne kaum jemanden, der sich mit irgendwelchen hochgetunten Topmodels oder Bodybuildern vergleichen und dadurch Erwartungen an sich selbst wecken würde, die er nicht erfüllen kann. Da macht man solche Typen doch lieber ein wenig lächerlich und bleibt zufrieden mit sich selbst. Vielleicht finden sich auf Zeitschriften, die vor allem von Männern gelesen werden, auch deshalb kaum Bilder von Schönlingen.

Also: Achten Sie weniger auf Ihr Äußeres als auf Ihren Umgang mit Erwartungen an sich selbst und das Leben. Jonglieren Sie bewusst damit und testen Sie aus. Setzen Sie sie manchmal ganz nach oben und lassen sich nicht mit weniger zufriedenstellen; und gehen Sie manchmal mit solcher Lässigkeit und Ruhe in eine Situation, dass Sie nichts und niemand enttäuschen kann. Sie werden das Spiel genießen – und, da lege ich jetzt selbst die Latte hoch, hundertprozentig zu einem glücklicheren Menschen werden.

P.S.: Welches Zitat zeigt ein Management von Erwartungen auf, das noch schlechter ist als das der BBC-Frauen? Groucho Marx' Feststellung, er wolle in keinen Club, der ihn als Mitglied akzeptiere ...

Aus Langenscheidts Leben

>> *Zehn Jahre lang spielte ich zusammen mit anderen mit Erwartungshaltungen. Mit denen eines typischen Konzertpublikums.*

Als ich achtzehn Jahre jung war, hatten wir einen Ethiklehrer in der Schule, der zugleich Komponist war. Er war es leid, bei den Uraufführungen seiner Werke mit abgebrühten und zynischen Profis zu arbeiten, die sich Dienstpläne von Gewerkschaften abzeichnen ließen. Leidenschaft und Spontaneität waren ihm wichtiger als ausgefeilte Technik.

So gründeten wir unter seiner Anleitung die Arbeitsgemeinschaft Neue Musik München und fingen an, zeitgenössische, experimentelle Musik zu machen.

Unser erster Achtungserfolg – und ein veritabler Glücksmoment – war, dass wir die drei Sterne der Woche der Münchner »Abendzeitung« für ein Konzert erhielten. Aber nicht etwa für musikalische Qualität, sondern dafür, wie souverän wir reagierten, als im Flügel während des Konzerts eine Saite wegen Überbeanspruchung riss. Es war ein Stück Minimal Music, bei dem das hohe C eine Dreiviertelstunde lang als Puls angeschlagen wird.

So gingen wir ans Werk. Wir spielten mit Erwartungen und schlugen daraus avantgardistische Funken für die Moderne.

Was erwartet ein Konzertgänger von einem Stück? Dass man etwas hört.

Was taten wir? Wir führten immer wieder 4' 33" von John Cage auf. Darin geht ein kleines Orchester mit Instrumenten auf die Bühne. Der Dirigent zählt an und hebt seinen Taktstock zu einem Allegro. Alle haben ihre Instrumente auf dem Arm, zwischen den Beinen oder am Mund – und nichts passiert.

Umso mehr im Zuschauer. Denn plötzlich nimmt er die gesamte akustische Umgebung als Musik wahr, wenn schon keine von der Bühne kommt. Autohupen, Räuspern, Schlüsselklappern, Stuhlrücken. Und überträgt die Tempoangabe des Dirigenten innerlich darauf.

Es folgen ein Andante und noch ein schneller Satz. Aber weiterhin Tacet, das akustische Nichts – oder eben alles.

Frenetischer Applaus. Jedes Mal.

Was erwartet ein Konzertpublikum, wenn Sänger Mikrofone an den Mund halten? Schöne Stimmen. Was boten wir mit un-

seren Kehlkopfmikrofonen? Flüstern, Schreien, Fauchen, Knarzen, Atmen, Pfeifen, Summen. In Dieter Schnebels »Maulwerke« wird die menschliche Stimme befreit. Jeder vokale Ausdruck – bis hin zum erotischen Stöhnen – wird zur Musik. Wir machten die Uraufführung und waren in aller Munde. Und entwickelten das Stück weiter – von New York bis Kalkutta.

Was erwartet der Musikfreund, wenn Instrumentalisten auf die Bühne gehen? Die gewohnten Instrumente des klassischen Orchesters. Mit was machten wir Musik? Mit Papier, das wir schlugen, zerknüllten, zerrissen. Mit Glas, als Rohre oder geribbelte Flächen, dem wir die schönsten Sphärenklänge entlockten, aber auch Geräusche wie die eines einstürzenden Gewächshauses. Mit Steinen, ganz meditativ in Kirchen gegeneinandergerieben oder -geklopft. Das Publikum war fasziniert von der Entgrenzung und Befreiung der Musik.

Was erwartet ein Publikum auf Konzertbestuhlung im Saal? Musik von der Bühne. Wir kamen mit unseren Instrumenten von hinten und von der Seite, wir wanderten durchs Publikum, verschoben Klangbilder von rechts nach links. Einmal bei der Biennale in Venedig hingen wir einen Konzertflügel mitsamt Schemel an die Decke des Saales.

Was erwartet der Konzertabonnent noch? Dass ein Konzert in etwa zwei oder drei Stunden dauert. Was taten wir bei Festivals wie der documenta oder dem Pariser Herbst? Tagelang durchspielen. Man konnte jederzeit dazukommen, auch um drei Uhr nachts, und auch jederzeit gehen. Wir erlebten Dankbarkeit in Reinform. Waren wir doch wie ein amerikanischer Supermarkt, der vierundzwanzig Stunden täglich geöffnet ist. Einmal, in der Nationalgalerie in Berlin, spielten wir eine Nacht durch und *ließen das Publikum auf Matten ruhen. Manche hörten zu, manche schliefen, manche träumten.*

Unsere eigenen Erwartungen wurden ebenfalls total übertroffen. Wir wurden in die ganze Welt eingeladen, spielten in über fünfzig Städten, trafen die spannendsten Menschen und finanzierten nebenbei unser Studium.

Glück, wurde uns klar, ist kreativer Umgang mit Erwartungshaltungen. »

ERWARTUNGEN – OPTIMISTISCH ODER PESSIMISTISCH?

Wenn Sie mal wieder am Leben verzweifeln, denken Sie an
... MICHAEL BECKEL

Er ist etwa vierzig, als es geschieht. Ein Verlagsmanager, sportlich, intelligent, erfolgreich. Bei einem Wettschwimmen am Mittelmeer stößt er mit einer Badeplattform zusammen und verletzt sich scheinbar nur an Hals und Schulter. Erst über zwanzig Stunden später schließt sich infolge einer inneren Verletzung seine linke Halsschlagader und ein Blutgerinnsel stoppt die Blutzufuhr zum Gehirn. Kurze Zeit danach ist er halbseitig gelähmt, kann nicht mehr richtig sprechen, schlucken, Arme und Beine bewegen.

Doch er lässt sich nicht unterkriegen. Verbringt zwei Jahre in Spezialrehas und mit unterschiedlichsten Trainings in Deutschland und der Schweiz. Versucht Zentimeter um Zentimeter seinen Körper zurückzubekommen. Und schafft es! Die Beine funktionieren wieder, ein Arm auch.

Mit dem, was trotz aller Anstrengung nicht zurückzuholen ist, arrangiert er sich. Handys und Laptops lassen sich heute zum Glück einhändig steuern, Autos auch. Sogar Rennrad fährt Michael Beckel wieder (wenn seine Lieben dabei auch den Atem anhalten).

Beckel hat sich selbst ein Stück neu geboren. Und auf den ersten Blick unglaublich: Er sieht den Prozess heute im Rückblick als eine der anstrengendsten, aber auch glücklichsten Phasen seines Lebens.

Macht Arbeit glücklich?

DIE GROSSEN LEBENSVERSICHERUNGEN BENUTZEN ausgeklügelte Tests zur Lebenserwartung, wenn sie große Verträge abschließen. Dabei wird alles, aber auch wirklich alles abgefragt. Natürlich das Übliche wie Alkoholkonsum, Rauchen, Sport, Bewegung, Gewicht oder erbliche Krankheiten in der Familie. Aber auch Grundeinstellungen und höchst Privates. Zum Beispiel: Haben Sie mal in der Nähe eines Atomkraftwerkes gelebt? Haben Sie – und wenn ja, wie lange – in der DDR gewohnt? Sind Sie geschieden? Gehen Sie mit Optimismus und Selbstbewusstsein an die Aufgaben des Lebens oder eher zaudernd und unsicher? Wie oft haben Sie Sex in der Woche? Wie zufrieden sind Sie damit?

So einen Test, der einige Stunden dauert, machte ich mal gleichzeitig mit vielen Freunden. Was uns alle verblüffte, war die extrem schlechte Lebenserwartung von zwei Männern, bei denen eigentlich alles rundlief im Leben. Wir änderten einige ihrer Angaben, um zu erfahren, woran es lag. Und schnell wurde klar: Schuld war die angegebene Arbeitszeit. Der eine ist Chefredakteur, der andere hat mehrere Restaurants. Jeder von ihnen arbeitet siebzig bis achtzig Stunden pro Woche.

Liebe Lebensversicherungen, das ist zu kurzsichtig gedacht. Ich würde beide Freunde sofort versichern, da ich weiß, dass die Arbeit ihnen unglaublich viel Freude bereitet. Sie könnten gar nicht anders und würden seelisch eingehen, hätten sie diese tägliche Herausforderung nicht. Wenn sie einmal ein paar Tage frei haben, neigen sie sogar dazu, krank zu werden. Ich glaube zutiefst, dass viel Arbeit mit Leidenschaft und Glück zu längerem Leben führt als wenig Routinearbeit in Langeweile und innerer Emigration.

Es wird ja manchmal über Menschen geschimpft, die ihre soziale Hängematte ausnutzen, sich darin gut eingerichtet haben und keinen Job annehmen. Das ist richtig. Richtiger aber ist meines Erachtens, dass jeder Mensch ohne Arbeit unser Mitleid verdient. Es fehlen ihm oder ihr nicht nur der strukturierte Tagesablauf, das soziale Umfeld, der Flirt mit den Kollegen, das Hinauskommen aus der Wohnung, die Herausforderung, die Anerkennung und vieles mehr, sondern schlicht und einfach ein Zentrum des Seins und des Glücks.

Es mag Menschen geben, die nur meditieren wollen oder auf der Bank vorm Haus sitzen. Es mag wahrscheinlich ein paar mehr geben, die allein auf einer Insel leben könnten. Die meisten von uns jedoch wollen etwas schaffen, wollen gestalten, wollen bei der Entstehung von Großem dabei sein und vielleicht sogar selbst eine Spur hinterlassen, die sie überleben wird. Sie wollen ein kleines oder großes Rad im Räderwerk der Welt sein und nicht wie ein Tier nur schlafen, fressen, trinken und sich fortpflanzen.

Die eine ist Kinderkrankenschwester und liebt es, den kleinen Kranken zu helfen, die andere beteiligt sich an nachhaltigen und umweltbewussten Unternehmen, um sie zu stärken. Der eine rettet als Unfallchirurg täglich Leben, der andere ist glücklich dabei, Firmen und Persönlichkeiten bei ihrer Kommunikation zu unterstützen. Die eine betreibt eine Bibliothek in einem sozialen Brennpunkt, wo sonst keiner an Bücher käme, die andere will den Ein-Euro-Schuh entwickeln, der Millionen und Abermillionen von Armen vor Parasiten schützt. Der eine will Malaria und AIDS ausrotten, der andere steuert verantwortungsvoll ein Kreuzschiff mit zweitausendachthundert Passagieren.

Jede und jeder ist anders, die Vielfalt ist atemberaubend. Deshalb finde ich es so traurig, dass Schulabgänger so wenig Einblick in all ihre Optionen haben und letztlich oft nur die Berufswelt der Eltern und ihrer Freunde gut kennen. Wie schön wäre es, wenn wöchentlich während der letzten beiden Klassen in irgendeinem großen Saal der Stadt ein engagierter Vertreter eines spannenden Berufes darüber berichten würde, was man dabei den ganzen Tag macht, welche Ausbildung und welche persönlichen Stärken man braucht, wie die Zukunftsaussichten sind und so weiter. Eine Stunde einem leidenschaftlichen Unternehmer, Schreiner, Anwalt, Verkäufer, Arzt, Lehrer, Politiker oder Gastronomen zuhören – und man wüsste, ob das was für einen ist.

Arbeit sollte man nicht zu eng fassen im Sinne nur von Fabrik oder Büro, sondern weiten und öffnen. Wer sich liebevoll um seine alten Eltern kümmert oder in der nächsten Suppenküche aushilft, arbeitet genauso wie jeder Angestellte oder Arbeiter. In meinen Augen ist auch Mutter- beziehungsweise Vaterschaft Arbeit in einem bestimmten Sinne und sollte entsprechend gewürdigt werden.

Natürlich ist Arbeit auch Maloche und Routine und Mobbing und Stress und Ungerechtigkeit und Ellenbogengerangel und

> »GLÜCKLICH WENN DIE TAGE FLIESSEN,
> WECHSELND ZWISCHEN FREUD UND LEID,
> ZWISCHEN SCHAFFEN UND GENIESSEN,
> ZWISCHEN WELT UND EINSAMKEIT.«
> JOHANN WOLFGANG VON GOETHE

sexuelle Belästigung und Diskriminierung. Aber wird sie uns weggenommen, merken wir erst, wie wichtig sie trotz allem ist für unser Glück. Das ist wie bei mancher Ehe: Man kann sich in vielfacher Hinsicht nicht mehr ausstehen und schimpft ständig übereinander, doch wehe, einer stirbt! Das Loch, das zurückbleibt, ist dann groß.

In den schönsten Situationen wird Arbeit zum Flow. Flow ist Verliebtheit ins Tun und ins Gelingen. Alles löst sich auf in einer Einheit zwischen Weg und Ziel. Bei Dauersportarten wie Schwimmen etwa: Nach mehreren Bahnen fließen die Bewegungen perfekt und fast unbewusst. Man gleitet durchs Wasser, keine Unregelmäßigkeit stört mehr. Das Bewusstsein löst sich vom Körper, eine Art Trance entsteht. Jegliches Gefühl von Zeit und Raum verschwindet, auch scheint es keine Anstrengung mehr zu geben. Nichts kann einen bremsen, man ist der Delphin am Horizont.

Dieses einzigartige Gefühl der Grenzenlosigkeit können Menschen in vielen Situationen und Aktivitäten erleben, wenn sie ihm nur Raum geben und es zulassen. Insbesondere Künstler wie Komponisten, Dirigenten, Maler oder Autoren schwärmen davon. Aber jeder von uns kann es erreichen, indem er seiner Tätigkeit mit Liebe und Respekt entgegentritt.

Eine schöne Geschichte am Rande: Ein erfolgreicher Schweizer Herzchirurg merkt mit Mitte fünfzig, dass seine Hände zu zittern anfangen und ihn irgendwann mal junge Kollegen wegdrängen werden. Er will lieber auf dem Zenit als auf dem absteigenden Ast aufhören und überlegt daher mit Frau und Freunden, was ihm eigentlich über die bisherige Arbeit hinaus richtig Spaß macht. Es ist, mit dem Auto durch schöne Landschaften zu fahren und dabei Musik zu hören. Er kauft sich einen Brummi für

Fruchtsaftkonzentrat, denn zum Kistenschleppen hat er keine Lust. Und fährt mit diesem Lastwagen jetzt durch Europa. Zum Glück kann er den Rahmen dafür selbst gestalten: Er sucht sich die schönsten Rastplätze und Restaurants aus, oftmals begleiten ihn Freunde und Exkollegen und genießen wie er die Fahrten durch Frankreich oder Italien mit Bach oder Chopin im Ohr.

Was für eine schöne Vorstellung, in einem Lkw auf der Autobahn den Exchirurgen zu wissen. Arbeit kann so unendlich vielfältig und beglückend sein, wir müssen nur die richtige finden und innerlich zu ihr stehen.

P.S. Natürlich bedeuten Pause, Feierabend, Urlaub, Wochenende, Muße, Freizeit und Familie Glück hoch drei. Natürlich freuen wir uns im Zweifel mehr auf 17 Uhr als auf 9 Uhr und mehr auf den ersten als den letzten Ferientag. Aber all das lebt vom Kontrast. Haben wir es nur und immer, wird es schnell schal. Glück bedeutet auch, sich herauszufordern, etwas zu bewegen, es allen zu zeigen, sich zu überwinden und seine Frau oder seinen Mann zu stehen. Reden Sie mal mit Schulabgängern ohne Abschluss oder mit Langzeitarbeitslosen. Und bedenken Sie: Geschichte geschieht nicht einfach. Sie wird geschrieben. Von uns allen.

Aus
Langenscheidts Leben

>> *Gott, was habe ich in über vierzig Jahren Arbeitsleben alles getan! Und wie hat es mich bereichert. Und wie glücklich gemacht – meistens jedenfalls.*

Als Fünfzehnjähriger habe ich fünf Mark pro Stunde beim Rasenmähen für Frau Matthäi verdient und gelernt, dass das kleine Gespräch mit der beleibten Dame, die oft einsam in ihrem dunklen Wohnzimmer saß, für sie wichtiger war als die Länge der Grashalme nach meinem Besuch.

Das Doppelte erbrachte Mathenachhilfe. Finanziell am ertragreichsten aber war in der Schulzeit das Zeitungsaustragen. Herausfordernd war das Minimieren des Treppenlaufens durch Hochwerfen oder Auf-den-Treppenabsatz-Legen der Zeitung, ohne mehr als drei Mahnungen pro Tag zu bekommen. Unvergesslich auch der Moment, als ich vom Hof kommend eine Tür im Tiefparterre öffnen wollte. Sie ging nicht auf, weil sich ein Mann seine Matratze inklusive rosa Bettwäsche vor die Tür zum Keller gelegt hatte und dort schlief. Schlaftrunken erzählte er mir, er habe es nicht mehr oben neben seiner Frau ausgehalten ...

Über das Engagement als Musiker und Regisseur während des Studiums habe ich schon in »Erwartungen – optimistisch oder pessimistisch?« erzählt.

Ernsthafter wurde es nach dem Studium im größten Taschenbuchverlag der USA und bei Scribner's auf der Fifth Avenue, der für mich schönsten und inspirierendsten Buchhandlung der Welt (inzwischen leider einem Kosmetiktempel gewichen). Man kam so intensiv ins Gespräch über Literatur, dass man sogar im Vertrag unterzeichnen musste, niemandem die Bücher nach Hause zu bringen. Hier verstand ich, was Konfuzius meint, wenn er sagt: »Suche dir eine Arbeit, die du liebst, dann brauchst du keinen Tag mehr zu arbeiten.«

Dann kamen die wirkliche Verantwortung als Vorstand, Mitverleger und Geschäftsführer bei Langenscheidt, Baedeker, Polyglott, Brockhaus und Duden. Das Berufsleben wurde anstrengend, voll und herausfordernd, aber die Möglichkeit, selbst zu gestalten und eigenständig zu entscheiden, machte mich sehr glücklich.

Hier führte ich große Traditionen weiter. Was ich als ebenso reizvoll empfand, war der Aufbau von etwas Neuem. So wurde ich zum Unternehmer und gründete die Majestic Luftschifffahrtsgesellschaft (mehr dazu im Kapitel »Die kleinen Momente sind die großen«).

Aber ich wollte auch abgeben, anderen helfen – deshalb die nächste Gründung: »Children for a Better World« für Kinder ohne Heimat und Hoffnung (vgl. »Das Glück der anderen«).

Und als ob mein Leben noch nicht voll genug war, nahm ich ein Angebot an, das man einfach nicht abschlagen konnte: die Moderation von Fernsehtalkshows. Meine hießen »NachtClub« und »Münchner Runde« und befassten sich mit jedwedem Thema, das die Menschen gerade interessierte. Das ging von der Faszination des Boxens bis zur Kindererziehung. Ich liebte es, brachte es mich doch dazu, mich intensiv mit Themen zu beschäftigen, auf die ich sonst nie gekommen wäre, und ermöglichte mir Kontakte zu interessanten Menschen, die ich sonst nie kennengelernt hätte. Für die Sendung über das Boxen stieg ich sogar in den Ring, um selbst zu erfahren, wie verletzlich man ist, wenn man dort nur mit Shorts bekleidet herumtänzelt.

Inzwischen halte ich lieber Reden, weil ich das direkte Feedback liebe, die Spannung im Saal, das Lachen, den Widerspruch.

Die Liebesgeschichte zwischen meinem Glück und meiner Arbeit ist nicht beendet. Mir lag das Schicksal der Umwelt und der Tiere am Herzen und führte mich mit anderen Menschen zur Gründung von »Artists United for Nature«, in der sich Künstler von Loriot über Christo bis zu Roy Lichtenstein mit all ihrer Autorität und visionären Kraft für einen würdigen Umgang mit der Schöpfung einsetzten. Das ergab Querverbindungen zum »Worldwide Fund for Nature«, sodass ich mich bald in dessen Präsi-

dium wiederfand. Zahlreiche andere Aufsichtsratsmandate folgten, in denen ich meine Erfahrungen und Kontakte weitergeben konnte. Langjähriges Berufsleben ist wie ein Baum, der Jahr für Jahr wächst und stärker und stärker wird.

Die wohl schönste und überdauerndste Art, Erfahrung weiterzugeben, sind aber Bücher. So konnte es nicht ausbleiben, dass ich neben dem Verlegen von Wissen zwischen Buchdeckeln auch anfing, Bücher selbst zu schreiben oder herauszugeben. Über Freundschaft und Liebe, Zivilcourage und Kinder, Marken und Familienunternehmen. Und immer wieder über das Glück. «

SCHAUSPIELERIN HANNELORE ELSNER
... über das Glück

Sie zitiert einen kleinen Text, den ihr der Lyriker Wolf Wondratschek widmete:

»Ich sage, mal mir ein Herz,
und du malst einen Kreis.
So was möchte ich auch können,
etwas ganz Einfaches,
von dem ich nichts weiß.«

Worauf Glück steht

WAS BRAUCHEN WIR MENSCHEN WIRKLICH? Mal erscheint die Antwort ganz einfach, mal zum Verzweifeln schwierig. Sie zieht sich durch das ganze Buch. Letztlich lautet sie: Liebe, Freundschaft, Geborgenheit, Herausforderung, Hilfe, Bewegung, Vertrauen, Freiheit, Sicherheit, Gesundheit, Geld, Ziele, Sinn.

Wir sind Suchende. Was wir suchen, geben wir uns oftmals selbst vor. Mal mehr, mal weniger. Mal verzweifeln wir an etwas, das uns schon am nächsten Tag lächerlich erscheint, mal stehen wir lächelnd über den Dingen und brauchen nur uns selbst.

Insofern unterscheiden wir uns von den Tieren, die reflex- und instinktgetrieben sehen, dass sie das Notwendigste zum Überleben finden, und damit dann zufrieden sind. Wir sind Getriebene, getrieben von uns selbst, von der Werbung, vom Neid, von Mode, von Vorbildern.

Das ist so. Damit müssen wir leben, auch wenn es nicht unbedingt glücksförderlich ist. Nur allzu häufig machen wir unser Wohl und Wehe abhängig von Dingen, die wir nicht in der Hand haben, die aber uns kontrollieren können. Wir machen uns selbst zu Sklaven, nachdem es Hunderttausende Leben kostete, die

Sklaverei größtenteils abzuschaffen. Es ist wie beim Risiko: Kollektiv lehnen wir es ab, ob es durch Kernkraft droht oder durch Gentechnologie. Individuell dagegen suchen wir es immer wieder, um uns selbst zu spüren. Ob in der Achterbahn oder beim Bungeespringen.

Liebe, Freundschaft, Geborgenheit, Herausforderung, Hilfe, Bewegung, Vertrauen, Freiheit, Sicherheit, Gesundheit, Geld, Ziele, Sinn. All das brauchen wir zum Leben und zum Glücklichsein. Aber es gibt noch eine Ebene darunter: die Basis der Bedürfnispyramide. Da geht es um Essen und Trinken, Schlaf, Wärme, Behausung und Sonne. Die schieren Grundbedürfnisse, ohne die unser Motor nicht läuft.

Klar kommen wir auch mal ohne aus. Beim Trecking durch die Anden, in Momenten verrücktester Verliebtheit, während einer Fastenkur. Und erleben vielleicht gerade in der Entbehrung, wie Geist und Seele plötzlich fliegen. Günter Grass sagt, sein bestes Buch, *Die Blechtrommel*, sei unter schlechtestmöglichen äußeren Umständen entstanden. Und Opa erzählt sicher am häufigsten vom Krieg, als seine Grundbedürfnisse am härtesten vom Stiefel der Geschichte getreten wurden.

Diese Momente des freiwilligen oder unfreiwilligen Verzichtes sind spannend und oft erschreckend. Sie füllen die Seiten unserer Zeitungen: Wenn Überlebende nach einem Flugzeugabsturz elf Tage im Urwald durchkommen. Wenn eine junge Frau ein Jahr in einem Keller gefangen gehalten wird. Wenn Bergleute siebzehn Tage ohne Licht und Außenkontakt tief unter der Erde am Leben bleiben, ohne sich die Schädel um die kleinen Lebensmittelrationen einzuschlagen.

WORAUF GLÜCK STEHT XII

So etwas fasziniert uns, aber wir wollen es nicht wirklich. Wir brauchen für unser Normalleben und -glück Essen und Trinken, Schlaf, Wärme, Behausung und Sonne.

Und es ist wichtig, dass wir uns das immer klarmachen. Denn allein damit kann man schon ganz gut leben – ohne all die selbst geschaffenen, künstlichen Bedürfnisse, die uns alltäglich so umtreiben und oft unglücklich machen.

THEODOR FONTANE ALS ANTWORT AUF DIE FRAGE, WAS DER MENSCH WIRKLICH BRAUCHT: »EIN GUTES BUCH, EIN PAAR FREUNDE, EINE SCHLAFSTELLE UND KEINE ZAHNSCHMERZEN.«

In diesem Sinne habe ich mir mal überlegt, was ich als Europäer auf dieser einfachsten und materiellsten Ebene wirklich brauche. Einfach, um es mir vor Augen zu führen und dankbar sein zu können, wenn es da ist. Prüfen Sie mal, inwiefern wir uns unterscheiden.

Also, ich kann schwer verzichten auf:
* ein weiches, warmes Bett mit Decke und Kissen
* ein bisschen Kaffee oder Tee am Morgen
* Sonne und frische Luft
* ein Zuhause, das mir Schutz gegen Kälte, Nässe, Wind und Verbrechen gewährt
* ein paar Bücher und einen Internetanschluss
* morgens Obst, mittags Nudeln oder Salat, abends ein paar belegte Brote
* viel Sprudelwasser, abends ein oder zwei Glas Wein
* einfache Bekleidung
* Impfungen
* fließend Wasser und eine Toilette
* Ruhe zum Schlaf

Klingt einfach und selbstverständlich. Ist es aber nicht. Selbst wenn wir das typische Essen des Europäers gegen Reis, Mais, Huhn oder Bananen als die wichtigsten Nahrungsmittel der Welt ersetzen.

Wir haben schon Grund zur Dankbarkeit, wenn wir all das täglich haben. Und weiß Gott Grund, alles dafür zu tun, damit es allen Menschenkindern zukommt. Es ist die Basis von Würde und Glück. Liebe, Freundschaft, Geborgenheit, Herausforderung, Hilfe, Bewegung, Vertrauen, Freiheit, Sicherheit, Gesundheit, Geld, Ziele und Sinn gesellen sich auf einer nächsten Ebene dazu.

Kämpfen wir mit allen Mitteln für die Grundversorgung aller Menschen. Werden wir nicht zynisch. Lassen wir Afrika nicht fallen, nur weil es wirtschaftlich nicht mitkommt. Schreiben wir niemanden ab. Eigentlich können wir nicht recht glücklich sein, wenn wir wissen, dass fünftausend Kilometer entfernt ein Kind verhungert oder ein Flüchtling verdurstet.

Es ist ein langer Weg. Die Politik der reichen Staaten der nördlichen Halbkugel kann ihn nicht allein gewinnen. Aber ich habe aus zwei Gründen Hoffnung:

Immer mehr Länder der früheren Dritten Welt schaffen es aus eigener Kraft, schrittweise wirtschaftliche Stärke zu gewinnen und stabile Positionen auf dem Weltmarkt zu erobern. Das schafft Bildung, Arbeitsplätze und Wohlstand und ermöglicht ohne fremde Hilfe die Befriedigung der Grundbedürfnisse.

Und zumindest in den USA haben Reiche begriffen, dass es nicht sinnvoll ist, das hart erarbeitete Geld ausschließlich seinen Kindern zu vererben. Ab einer bestimmten Menge wird es eher zur Last als zur Freude. Deshalb geben die Klügsten von ihnen große Teile ihres Vermögens an Stiftungen, die dieses ihnen anvertraute Geld so effizient und intelligent zur Verbesserung der Welt einsetzen, wie es verdient wurde.

WORAUF GLÜCK STEHT

Wir alle müssen ran, um die Grundbedürfnisse der Menschen zu decken. Fürwahr eine Mammutaufgabe. Aber gelingt sie, ist das Grund zu größtmöglichem Glück.

Aus
Langenscheidts Leben

>> *Lichtblick im armen Münchner Norden: Sozialpädagogin Johanna Hofmeir mit ihrem engagierten Team gibt Kindern ein Zuhause, die durch die Maschen des sozialen Netzes fallen. Als ich die Einrichtung besichtige, erstaunt mich ein Junge, der mir ungefähr achtmal die Hand gibt und mich mit festem Blick begrüßt. Die Chefin erklärt, sie müsse den Kindern auch das Einfachste vermitteln, da die Eltern weg oder ständig betrunken seien. Daher hätten sie letzte Woche ein wenig Erste Hilfe gelernt und in dieser Woche das Begrüßen. Der Junge, der mich so in sein Herz geschlossen habe, sei etwas durch den Wind. Gestern sei seine Mutter alkoholisiert nach einem Selbstmordversuch auf dem Wohnzimmerteppich gelegen, und er habe sie mit seinen Erste-Hilfe-Grundkenntnissen durch stabile Seitenlage und Notruf gerettet. Jetzt brauche er einfach Zuspruch von Erwachsenen und habe eben mich auserwählt.*

Ist das nicht grässlich? Am liebsten hätte ich den Jungen mitgenommen, um ihm so etwas wie ein Zuhause zu geben. Jedes Kind dieser Welt ist uns Großen anempfohlen in all seiner Schutzbedürftigkeit. Wir müssen ihm Essen, Liebe, Wärme und Schutz geben. Tun wir das nicht, versagen wir als Gesellschaft und treten die Menschlichkeit mit Füßen.

Ich habe mal drei Monate lang in Kalkutta gearbeitet, damals die wohl ärmste Stadt der Welt. Täglich starben fünfzehntausend

Menschen, zumeist an Hunger. Ging man in der Dämmerung durch die Straßen, wusste man nicht, ob es Leichen oder Säcke waren, die vor einem herumlagen.

Spätestens seitdem weiß ich, wie sehr Glück mit Grundbedürfnissen und ihrer Befriedigung zusammenhängt. Und da meine glücklicherweise befriedigt werden, sehe ich es als Selbstverständlichkeit an, anderen zu helfen, die das brauchen. Deswegen unterstützt »Children for a Better World«, die Kinderhilfsorganisation, die ich 1994 gründete, mehr als fünfzig Einrichtungen der Kinder- und Jugendarbeit in ganz Deutschland, die Kindern ohne funktionierende Familie eine Art Familienersatz geben. »Lichtblick« ist eine davon.

Eine Mutter und ein Vater lassen sich nicht ersetzen, aber wir decken immerhin einen einfachen und gesunden Mittagstisch und helfen bei den Hausaufgaben. Wir nehmen die Kinder in den Arm, wenn Sorgen und Schmerzen sie quälen, und lehren sie das Notwendigste, vom Anziehen bis zur persönlichen Hygiene. Wir geben Raum zum Spielen und regen zu Sport und Bewegung an. Und wir ermöglichen es, mal die U-Bahn zu nehmen und ein Stück Welt zu erobern, ob nun Museum oder Schwimmbad.

Eigentlich selbstverständlich. Oder auch nicht. Leider. Wir haben schon Millionen von Mahlzeiten ausgegeben. Tausende von Kindern in über dreißig Städten hängen von uns ab, und das bedeutet große Verantwortung, die durchaus belasten kann. Aber wenn wir dann ab und zu eine Einrichtung besuchen und sehen, mit welcher Begeisterung die Kinder ihr Essen zubereiten und wie sie an den Helfern und Helferinnen hängen, geht unser Herz auf, und wir wissen, warum wir das tun und immer wieder Geld dafür zusammenbetteln.

Jedes Kind ist ein Geschenk des Lebens an sich selbst, eine Brücke in die Zukunft. Jedes Kind ist unterschiedlich, der eine drängelnd, der andere schüchtern, die eine zärtlich, die andere kratzbürstig. Und jedes hat es verdient, würdig und versorgt aufzuwachsen und die Fackel des Lebens weiterzutragen. Wir Großen tragen die Verantwortung dafür. Und unser Glück ist unauflöslich verknüpft mit dem der Kleinen. «

Wenn Sie mal wieder am Leben verzweifeln, denken Sie an
... JOACHIM SCHOSS

Als extrem intelligenter Unternehmer baute er mit Partnern Immoscout, Autoscout und so weiter auf und ermöglichte damit Millionen Menschen, schnell und kostengünstig an die Idealwohnung oder das Traumauto zu kommen. Da ereilte ihn ein schrecklicher Verkehrsunfall, der ihn ein Bein und einen Arm kostete. Er verkaufte die Firma für einen sehr hohen Betrag an die Telekom und gründete *myhandicap.com*, wo Behinderte aus der ganzen Welt Rat und Orientierung in allen wichtigen Fragen finden. Der Vater von vier Kindern heiratete neu. Er lebt glücklich am Züricher See und inspiriert viele andere Menschen und Institutionen.

Wohl das Wichtigste – Gesundheit

GLÜCK OHNE GESUNDHEIT? Sicher geht das. Das Kapitel »Trotzdem glücklich« beschreibt, wie – und die Rubrik »Wenn Sie mal wieder am Leben verzweifeln« liefert eindrucksvolle Beispiele.

Aber es ist ein wenig wie Mercedes ohne Stern. Strand ohne Palmen. Ehe ohne Liebe. Tennis ohne Ball. Oder England ohne die Queen.

Es macht schon Sinn, dass wir bei jeder Geburtstagsgratulation gebetsmühlenartig wiederholen: »... und das Wichtigste – Gesundheit.«

Sie ist das Wichtigste.

Aber ist sie nicht vorgegeben? Wie Schicksal? Steht sie nicht in unseren Genen?

Ich glaube, das trifft nur zu einem gewissen Teil zu, vielleicht zur Hälfte. Mit der einen müssen wir leben, die andere haben wir selbst in der Hand. Wie bei der Kindererziehung: Halb sind es die Gene, halb sind es wir.

Fangen wir einfach an. In jedem Buch über das Immunsystem lässt sich nachlesen, dass die Welt voll ist von Keimen. Infekte lauern überall. Es liegt an der anderen Hälfte, an uns, ob wir daran erkranken oder nicht. Krankenschwestern sind umgeben davon – und sind sie ständig krank? Keineswegs. Wir merken es auch im Alltag: Einmal niest uns jemand an, und wir lachen; ein andermal spüren wir schon, wie es uns zusetzt. Die einen werden krank, wenn sie im Stress sind, die anderen, wenn der Stress mal weg ist.

Es ist wie beim Glück: Wir haben es in der Hand. Es liegt zum großen Teil in uns.

Die Welt gibt uns Inspiration, Gefährdung, Chancen, Risiken. Wir machen was daraus oder nicht. Wir neigen uns mehr zum Negativen oder Positiven.

Ich gebe zu: Bei bestimmten Krankheiten ist die Situation anders. Onkologen warnen davor, von »Krebspersönlichkeiten« zu sprechen. Sie meinen zu Recht, die Annahme sei Unsinn, dass Menschen, die ihre Gefühle verdrängen, eher an Krebs erkranken als Menschen, die sie zulassen und ausleben. Ähnliches gilt für Schlaganfälle, Herzinfarkte, Unfälle und vieles andere Schreckliche mehr.

MENS SANA IN CORPORE SANO.

Nicht alles kann psychosomatisch erklärt werden. Aber eben doch ein guter Teil. Wahrscheinlich der harmlosere, jedoch der mit der höheren Auftrittswahrscheinlichkeit in unserem Alltag.

Und schon bei der Krebstherapie oder in der Reha nach Infarkt oder Schlaganfall zeigt sich die Macht jener Hälfte, die wir in der Hand haben. Denn der Optimist geht aktiver und beherzter dran – und erntet größere Erfolge.

Bei unseren großen Fähigkeiten zur Selbstheilung ist es so: Sie funktioniert schlechter bei Depressiven, Zerstrittenen und Gestressten.

Wie Yin und Yang, Vater und Mutter, Weiß und Schwarz, Licht und Schatten, Tag und Nacht, Wachsein und Schlafen. Die Welt ist voller Dualitäten. Keine Hälfte funktioniert ohne die andere. Geist und Körper – alles hängt miteinander zusammen und bildet eine unauflösbare Einheit.

Ich habe viel gelesen über Gesundheit und Krankheit. Ich bin Sohn einer leidenschaftlichen Ärztin und habe viele Ärzte als Freunde. Ich beobachte die Menschen in meinem Umfeld sehr genau und versuche, von ihnen zu lernen.

Bei der Frage, wie wir unseren Beitrag zur Gesundheit gestalten können, bin ich im Laufe meines Lebens auf ein geheimnisvolles Quadrat gestoßen, das die vier wesentlichen Einflussfaktoren in einen Zusammenhang bringt. Nennen wir es das »vierblättrige Kleeblatt gesunden Lebens«. Ich will es hier erläutern.

Auf dem Blatt links oben steht »Input«. Also alles, was wir einnehmen. Da geht es um Nikotin, Alkohol und Drogen, die durchaus Glück bringen können, aber doch in sehr begrenztem Maße und meistens mit kurz- oder langfristigen Folgeschäden. Wie wir seit Paracelsus wissen: Die Dosis macht es.

Und es geht um unsere Ernährung. Viel Obst, Gemüse, Fisch, Huhn, Joghurt und dunkles Brot, wenig Pommes, Pizza, Süßkram, Fett und Junkfood – um es kurz zu machen, denn Ernährungsratgeber gibt es nun wirklich genügend auf dieser Welt.

Und natürlich ums Trinken. Je mehr Wasser, desto besser, um es noch kürzer zu machen.

Auf dem Kleeblatt rechts oben geht es um »Output«. Ums Schwitzen, Entgiften und Entschlacken. Und vor allem um Verdauung und Stuhlgang, obwohl das nicht sehr sexy klingt und nicht so gern thematisiert wird. Es soll hier auch keine Predigt über Verstopfung und ihre negativen Auswirkungen auf Gesundheit und Glück gehalten werden. Aber ein Plädoyer für einen achtsamen Umgang mit den persönlichen Riten und Tagesabläufen, um eine gewisse Regelmäßigkeit des Outputs zu gewährleisten. Vereinfacht gesagt: Was reinkommt, muss auch raus – und zwar möglichst zeitnah.

Links unten auf unserem vierblättrigen Kleeblatt gesunden Lebens ist »Bewegung des Geistes« zu lesen. Wussten Sie, dass bis zu einem Drittel unserer Kalorien vom Gehirn verbrannt werden? Neugier auf andere Menschen, auf neue Sichtweisen, auf Unbekanntes, auf Fragen ohne Antworten ist ein Teil gesunden Lebens. Lebenslang lernen, sich immer wieder hinterfragen, nachdenken, meditieren, reflektieren – das sind Elemente menschlichen Wohlbefindens. Geistige Faulheit macht nicht nur dumm, sondern auch träge und unbeweglich. Sie nimmt im Kopf den Tod vorweg.

Und rechts unten auf dem Kleeblatt lesen wir »Bewegung des Körpers«. Darüber – wie auch über den Input – lesen wir in jeder zweiten Zeitschrift. Die Treppe statt den Aufzug nehmen, jede Woche zweimal Sport und ordentlich dabei ins Schwitzen kommen. Joggen, Langlauf, Inlineskaten, Schwimmen, Radfahren – wir können es kaum mehr hören, sollten es daher lieber tun. Und lieber gemäßigt als extrem. Denn Hochleistungssport ist sicher attraktiv, aber viel verletzungsintensiver und abnutzender.

Das ist es, das vierblättrige Kleeblatt gesunden Lebens. Im Gegensatz zu den seltenen realen vierblättrigen Kleeblättern, denen wir Glücksfolgen nur zuschreiben, ist es tatsächlich glücksfördernd.

WOHL DAS WICHTIGSTE – GESUNDHEIT

Es besteht gleich aus zwei Gegensatzpaaren und spiegelt darin auf eigenartige Weise die doppelte existenzielle Dualität unseres Körpers: das Ein- und Ausatmen, ohne das wir gar nicht können, und den Blutkreislauf durch Gehirn und Körper, bei dem das Ende der Bewegung ebenfalls unser Ende bedeutet.

Jeder von uns muss sich seine ganz persönliche Balance zwischen den vier Elementen erarbeiten. Und sie konsequent leben.

Wem das zu mystisch ist, sollte einfach das Buch zuklappen und ein wenig an die frische Luft gehen. Einatmen, ausatmen, Geist und Körper bewegen. Wie gesagt: Glück ohne Gesundheit ist ein wenig wie Mercedes ohne Stern. Strand ohne Palmen. Ehe ohne Liebe. Tennis ohne Ball. Oder England ohne die Queen. Es geht auch ohne. Aber ziemlich schwierig.

Aus Langenscheidts Leben

>> *In der Schule gehörte ich zu der Hälfte der Menschheit, der Turnen und Sport keinen Spaß machte. Beim Reck bekam ich nur wenige Klimmzüge hin, beim Barren verletzte ich mich zwischen den Beinen, beim Kugelstoßen fiel die Kugel nach fünf Metern wie ein nasser Sack in den Sand, und beim Weitsprung übertrat ich normalerweise die Absprunglinie. Was ich hingegen mochte, war Fahrrad- statt Busfahren. Lange Strecken schwimmen. Und auch jene Sportarten, die ich auf elterliche Initiative hin lernen durfte: Skifahren und Tennis.*

So kam ich gut durchs Leben, blieb schlank und halbwegs beweglich. Auch heute nehme ich so gut wie nie den Aufzug und liebe es, meine Telefongespräche im Freien gehend zu erledigen.

Und versuche, dem Leistungsabfall ab zwanzig wenigstens ein Schnippchen zu schlagen, indem ich regelmäßig so viele Liegestütze mache, wie ich alt bin.

Irgendwann überredete mich jemand dann, Golfspielen gehöre zum Leben. Nach vier Tagen mit einem professionellen Lehrer machte dieser den Fehler, mir zu sagen, wenn ich zwei Jahre gut trainieren und Stunden nehmen würde, könnte ich Handicap 24 erreichen. Was bei anderen als Motivation funktionieren mag, bewirkte bei mir das Gegenteil: zwei Jahre großer Zeit- und Geldeinsatz, um mittelmäßig zu sein? Das war und bin ich nicht gewohnt. Außerdem hatte ich nie das Gefühl, wirklich Sport zu treiben, und hasste es, von Spielern hinter mir durch an sich schöne Natur getrieben zu werden. Sex hatte ich auch noch, und die Kleidung der meisten Golfspieler empfand ich als geradezu abstrus.

Es dauerte etwa vierzig Jahre, bis ich den Sport fand, auf den ich mich jedes Mal freue. Es ist das stinknormale Joggen, wie es Tom Hanks in »Forrest Gump« beim Lauf durch Amerika vormacht.

Ich kann mir nichts Besseres vorstellen. Ich kann es überall tun, ob im Englischen Garten Münchens, um die Alster in Hamburg, im Tiergarten Berlins, um das Reservoir im Central Park in New York oder an jedem Strand der Welt. Es kostet nichts. Ich brauche nichts außer gut abfedernden Laufschuhen. Ich kann es in der Mittagssonne oder im Sonnenuntergang tun, wann immer ich Zeit habe. Ich kann mit anderen laufen und spannende Gespräche führen, kann das aber auch lassen und brauche mich dann nicht einmal zu verabreden.

Es hilft gesundheitlich bei fast allem, lässt mich mein Gewicht halten und ausreichend Sauerstoff tanken.

WOHL DAS WICHTIGSTE – GESUNDHEIT

Und fast das Wichtigste: Es macht glücklich. Man muss gar nicht das Runner's High bemühen. Allein die Tatsache, selbstbestimmt durch schöne Landschaft zu traben, all seine Gliedmaßen zu spüren und dankbar zu sein, dass sie gut funktionieren, locker durch lebende Bilder zu laufen, Fetzen aus den Gesprächen von Spaziergängern zu hören, den Waldboden zu spüren oder die ganz andere Luft neben Flüssen und Seen tief einzuatmen – all das lässt mich nichts anderes als Glück empfinden. Auch ergeben sich Entscheidungen, an denen ich vorher herumgeknabbert habe, wie von selbst. Und die kreativsten Gedanken und Problemlösungen kommen mir immer beim Laufen (oder in der Badewanne). Ob das tatsächlich daran liegt, dass angeblich die Fettzellen zwischen den Synapsen im Hirn zuerst verbrannt und daher Feuerwerke von Ideen ermöglicht werden, kann ich nicht wirklich beurteilen. Es klingt aber gut.

Manchmal braucht man vierzig Jahre, um sein Glück zu finden. Manchmal auch achtzig. Wichtig ist nur, dass man das erkennt und es auch lebt. ❮❮

SCHWIMMCHAMPION FRANZISKA VAN ALMSICK
... über das Glück

Hast du einen ganz persönlichen Tipp fürs Glücklichsein?
Familie! Während meiner sportlichen Karriere gab es ausreichend positive, aber auch negative Momente. Gerade wenn es nicht optimal lief, wusste ich, dass meine Familie hinter mir stand. Das gibt Kraft und macht dich als Mensch stärker. Heute gebe ich dieses Gefühl auch meinem Sohn und sehe, dass ihn das genauso positiv beeinflusst wie mich. Und zwar gestern wie heute!
Was ist ein besonderer Glücksmoment für Dich?
Ein Moment vollkommenen Glücks ist für mich die Gesundheit meiner Familie und Freunde. Täglich bekommen wir Schicksale mit, vor denen wir uns nicht verstecken können. Wenn ich morgens in die zufriedenen Gesichter meines Sohnes und meines Mannes schaue, bin ich glücklich.

Glück braucht Freunde

WAS IST EINER DER GRÖSSTEN SPRACHLICHEN SARKASMEN des noch jungen dritten Jahrtausends? Die Verwendung des Begriffes »Freund« bei Facebook, jenem virtuellen Staat in der Nebenwelt Internet mit bald einer Milliarde Bewohnern. Man soll »Freund« sein mit Menschen, an die man sich kaum erinnert oder die man noch nie getroffen hat. Und viele haben dementsprechend Hunderte von »Freunden«. Sollte es ihnen – was niemandem zu wünschen ist – mal schlecht gehen und das Unglück bei ihnen einziehen, werden sie sehen, wer von diesen »Freunden« bei ihnen ist und sie in den Arm nimmt.

Um wirkliche Freundschaft soll es hier gehen – und die brauchen wir zum Glücklichsein wie das Wasser zum Schwimmen. Um die Freundin, die schon an der Stimme am Telefon erkennt, dass etwas nicht stimmt, und eine halbe Stunde später mit Schokolade und Wein in der Hand an der Tür steht. Um den Freund, den man auch um halb vier Uhr nachts anrufen kann, wenn man sich dreckig fühlt.

Mit Freunden wie diesen kann man lachen, weinen und ebenso schweigen. Sie kommen ins Krankenhaus, und die ungewaschenen Haare oder das Säckchen mit dem Urin sind dem

Kranken nicht unangenehm oder peinlich. Sie tauchen unerwartet hinter der Friedhofsmauer auf, wenn man Halt braucht bei einer Beerdigung.

Egal was passiert, ob Scheidung oder Jobverlust, Depression oder Streit mit der Schwiegermutter, sie sind da. Hören zu, verstehen, nehmen in den Arm, reichen ein Taschentuch, wenn Tränen fließen. Sie geben das wunderbar beglückende Gefühl, nicht alleine zu sein im kalten Universum.

Dabei ist nicht entscheidend, dass sie ständig präsent sind. Aber von lebenserhaltender Bedeutung, dass sie da sind, wenn man fällt. Sie sind das Netz im Zirkus des Lebens.

Selbst beim langen Weg durch die Rehas nach einem Unfall oder nach anstrengender Therapie: Immer wieder taucht ein solcher Freund auf, egal wie abgelegen die Reha liegen mag. Bringt Bücher und Filme und Blumen und Fotos. Erzählt, hört zu, tröstet, baut auf. Versteht aber auch, wenn Trost gerade zynisch klingt und man nur noch heulen möchte. Freundschaft ist gemeinsam Heulen, aber auch wieder unter Tränen lachen müssen. Sie ist der Rasen unseres Lebens, auf dem wir tanzen, jonglieren und herumspringen, jedoch ebenso stolpern, stürzen und uns krümmen.

Diese Art von Freundschaft verträgt sich nicht mit Nutzdenken, Karrierevorteil und Netzwerkbau. Sie ist da, verlässlich und unumstößlich, ob du Vorstandsvorsitzender bist oder Hartz-IV-Empfänger. Sie lässt dich nicht fallen, wenn du mal Mist baust oder dich mit dem Falschen einlässt. Sie liebt dich und akzeptiert dich so, wie du bist. Ob Oscar-Preisträger oder Gescheiterter.

Gute Freunde bleiben auch, wenn es Pausen gibt. Andere ziehen weiter.

GLÜCK BRAUCHT FREUNDE XIV

Wenn Freundschaft enttäuscht, wenn einer nur gibt und der andere nur nimmt, wenn man verraten wird oder getäuscht, verursacht sie Unglück und Verletzung wie wenig anderes. Wie die Liebe.

Wie viel solche Freunde oder Freundinnen man haben kann? Das ist nicht zu beantworten. Man kann sich glücklich schätzen, überhaupt einen Menschen jenseits der Familie als Fels in der Brandung zu haben. Manche haben eine Handvoll, manche auch mehr.

Woher kommt sie, diese Freundschaft, und warum verbindet sie uns gerade mit dem einen und nicht mit dem anderen? Darüber könnte man lange psychologisieren, aber man kann es auch lassen. Sicher lieben wir im Freund oder in der Freundin ein Stück weit uns selbst. Oder sehen verschiedene Persönlichkeitsaspekte von uns in unterschiedlichen anderen Menschen gespiegelt. Anders als bei der Familie jedenfalls sind wir angenehm frei in der Wahl.

Wichtig ist das gemeinsame Erleben von Wohl und Wehe, zusammen feiern und auch durchstehen. Ein Stück Leben in allen Höhen und Tiefen gemeinsam zu meistern ist wohl Grundlage der meisten Freundschaften.

Viele belassen es dabei und haben Freundschaften für bestimmte Lebensabschnitte, die sich auflösen, wenn man beruflich oder örtlich oder familiär weiterzieht. Andere wollen mehr und den Weg gemeinsam weiter und vielleicht sogar zu Ende gehen.

Ein häufig geäußerter Satz jedenfalls ist unwahr: Freundschaften entstünden nur in Schule und Ausbildung, alles danach sei oberflächlich. Nein, in jeder Lebensphase kann tiefe Freundschaft entstehen, wenn man es nur zulässt und offen dafür ist.

Tatsächlich zu stimmen scheint hingegen das Klischee, wie unterschiedlich Freundschaft zwischen Männern und Frauen ist. Männer brauchen nicht viele Worte, Frauen hingegen lieben es, über alles zu reden. Über Männer und Mode, Filme und Bücher, Krisen und Handtaschen. Nicht nur in *Sex and the City* ...

Apropos: Manch einer sucht sich seine Freunde so ähnlich wie möglich, manch anderer liebt den Gegensatz. Auch gibt es umwerfende Freundschaft über Generationen hinweg, aber häufiger ist sicher der gemeinsame Blickwinkel des ähnlichen Alters und der vergleichbaren Lebenssituation.

> »ALLE WÜRDEN DIESER WELT WIEGEN EINEN GUTEN FREUND NICHT AUF.«
> VOLTAIRE

Freundschaft bettet ein und federt ab. Sie bewahrt vor Kurzschlusshandlungen, bildet ein Netz der Fürsorge und Eingebundenheit und wird zu einem Alter Ego, das uns beschützt, manchmal auch vor uns selbst. Amokläufer haben keine Freunde.

Aristoteles verdanken wir den schönen Satz: »Ein Freund ist eine Seele in zwei Körpern.«

Man kann über alles reden, sich offen kritisieren, ohne zu verletzen, und nimmt doch den anderen, wie er ist. Rollenspiel, Show und Fassade sind woanders. Man muss nichts beweisen und keinen beeindrucken.

Freundschaft ist Aufforderung zum Selbstsein.

Man muss nicht den Bauch einziehen, nicht auf Stöckelschuhen gehen. Kann Fehler eingestehen und über Schwächen reden. Kann über Unangenehmes sprechen ohne Angst, verlacht oder belächelt zu werden. Weiß, dass Geheimnisse Geheimnisse sind.

Und man kann sich gegenseitig Freude bereiten wie kein anderer. Kennt voneinander, was lächeln oder weinen lässt vor Rührung. Kann mit kleinen Gesten direkt das Herz des anderen berühren. Will zusammen sein bei allen wichtigen Momenten, bei Hochzeit und Geburtstag, Abschlussfeier und Jubiläum. Und feiern bis zum nächsten Morgen.

Eine weise Frau schrieb einmal, Freundschaft sei eine kostbare Mischung aus Selbstvergewisserung, Unterstützung, Vertrauen und gemeinsamer Zeit.

Freundschaft gehört zum Menschen wie Lunge und Herz. Sie macht Leben erst zu Leben und ist ein Zaun ums Glück.

Aus Langenscheidts Leben

》》 In Sachen Freundschaft konnte ich mich immer glücklich und beschenkt fühlen. Dankbarkeit ist hier mein vorherrschendes Gefühl. Warum? Zum Beispiel wegen der Brixener Kaminbuben. Klingt wie eine Volksmusikgruppe, oder? Ist es aber nicht.

Vielmehr sechs Männer etwa gleichen Alters, mit unterschiedlichen Berufen und aus verschiedenen Städten. Nach gemeinsamen Jahren in New York, wo uns Stress und Spaß gleichermaßen verbanden, verschlug es uns eines Abends an einen Kamin in einer Burg über Brixen. Eine ganze Nacht lang redeten wir in aller Offenheit über unsere Lebenslagen, über Ambitionen und Enttäuschungen, Erfolge und Rückschläge. Daraus entwickelte sich eine wunderbare, jahrzehntelange Tradition, die uns alle zusammenschweißte. Mindestens einmal pro Jahr treffen wir uns an irgendeinem Kamin und reden eine Nacht lang Tacheles.

Keine Komplimente, keine Schönfärberei, sondern konstruktivfreundschaftliche Ehrlichkeit. Wo sonst hat man das im Leben?

Wir sprechen über berufliche Grundsatzentscheidungen, über neue und alte Lieben, Moral und Geld, Visionen und Träume, Firmengründungen und Kinderkriegen. Wir nehmen uns gegenseitig ernst und lernen viel voneinander. Nur einmal musste ein Ultimatum gestellt werden, weil einer einfach nicht einsehen wollte, dass die damalige Frau an seiner Seite ihm wirklich schadete. Wir legten aus Kastanien ein Datum auf einen alten Holztisch und sagten unmissverständlich, dass er sich bis dahin zwischen uns und der Dame entscheiden müsse. Er rief am Tag vor Ablauf der Frist an und vermeldete die Trennung. Manchmal muss ein Freund den anderen eben zu seinem Glück zwingen.

Zum Glück reicht meistens die Kraft der Argumente und der Einfühlung.

Jeder bekommt immer so viel Raum und Zeit zur Erörterung der anstehenden Fragen, wie er gerade braucht. Mal sind das zwei Stunden, mal reichen zehn Minuten. Aber in jedem Fall ist das Feedback ehrlich und offen, und das Gespräch bleibt total vertraulich. So gelingt es meistens, in die Tiefe zu stoßen und nicht im Alltagsgeplänkel stecken zu bleiben.

Was uns fasziniert über die Jahrzehnte, ist die ausgleichende Kraft des Schicksals. Keiner von uns war immer auf der Sonnenseite des Lebens. Mal ging bei einem alles schief und beim anderen lief es wie geschmiert, mal genau umgekehrt. Jeder suchte seinen Weg – und die anderen halfen dabei. Keiner fühlte sich je allein gelassen in Krisen und bei wichtigen Entscheidungen.

Die Themen änderten sich natürlich über die Jahre. Gingen unmerklich von Karriere, Reisen, Festen, Sport und Spaß in Richtung Verantwortung, Familie, Nachhaltigkeit und Sinnfindung. Eines Nachts erschraken wir, als wir plötzlich von Vorsorgeunter-

suchungen sprachen. Na ja, Freundschaft schützt vor vielem, aber nicht vorm Älterwerden. **«**

Wenn Sie mal wieder am Leben verzweifeln, denken Sie an
... SOPHIE VAN DER STAP

Mit Anfang zwanzig, wenn andere gerade unbekümmert durch die Welt trampen oder studieren, bekam sie einen höchst aggressiven Krebs. Chemotherapie an sich ist ja schon schlimm genug, aber die Qual, der sich van der Stap durch verschiedene andere Therapiemethoden ausgesetzt sah, sprengt hier den Rahmen. Sie schaffte es trotzdem – durch unerschütterlichen Humor, die Unterstützung ihrer Familie und durch ein raffiniertes Rollenspiel. Statt sich angesichts ihres Haarverlustes wie andere eine Perücke am Krankenhauseingang zu kaufen, kratzte sie all ihr Geld zusammen und legte sich neun perfekte Perücken für neun unterschiedliche Persönlichkeiten zu. Sie ließ sich ihre Würde nicht nehmen, ging aus, wenn es ging, flirtete, blieb Frau. Und besiegte den Krebs. Das Buch, das sie über die Zeit in der Therapie schrieb, trägt den schönen Titel *Heute bin ich blond*.

Sophie lebt glücklich als Autorin in Paris und den Niederlanden.

Glück wohnt nicht im Tresor

GLÜCK HAT MIT INNEREM LEUCHTEN ZU TUN. Mit lächelndem Erinnern. Mit Kinderlachen, Strand und Spaghettikochen. Mit Geheimnissen, Liebe, Abenteuer. Es will die Welt umarmen.

Geld hat mit Zahlen zu tun. Mit Sparen und Geiz. Mit Kontoauszügen, Staatsbankrotten und der kalten Pracht von Banken. Es ist ein Mittel zum Zweck.

Unterschiedlicher können Welten kaum sein. Und doch berühren sie sich auf elementare Weise.

Für die arme Mutter zählt jeder Dollar oder Euro, um Reis oder Nudeln für ihre Kinder besorgen zu können. Der Hartz-IV-Empfänger sorgt sich existenziell um seine Altersvorsorge und darum, wie er seine Kinder einkleiden soll. Wer Pfandflaschen aus Mülltonnen sammeln muss, würde fast alles tun für tausend Euro.

Geld ist die Tür zu Essen, Trinken, Wärme, Behausung. Ohne all das ist Glück kaum möglich (vgl. »Worauf Glück steht«).

Aber auch wer in geringem Wohlstand lebt, sehnt sich nach mehr. Nach einem Computer, einem bequemeren Auto, einer neuen Couch. Nach Klavierstunden und Friseur. Nach einer Flasche Wein oder einem guten Stück Fleisch.

Je weniger Geld im Portemonnaie ist, desto stärker steht es für Glück. Geld macht Menschen nicht glücklich; kein Geld allerdings auch nicht. Wie erleichternd ist es, ein kleines Sparkonto zu haben, wie viel entspannter kann man durchs Leben gehen!

Und Schulden drücken so viele Menschen. Sie lassen schlecht schlafen, sie ziehen die Farbe aus dem Leben.

Doch sind unsere Grundbedürfnisse befriedigt, drücken uns keine Schulden und Zukunftssorgen, wird die Beziehung zwischen Geld und Glück lockerer. Ist unsere Wohnung extrem beengt, macht der Umzug in eine etwas größere noch richtig glücklich. Ob wir dann in eine noch größere ziehen, verliert langsam an Bedeutung.

Die Probleme mit dem Glücklichsein liegen nicht vorrangig im finanziellen Bereich (vgl. alle anderen Kapitel dieses Buches!).

Das zeigt sich in vielen Studien über Länder, die nach dem Zweiten Weltkrieg langsam wieder zu Wohlstand kamen. In den ersten Jahren, als es noch ums Überleben und den Wiederaufbau ging, wurden die Menschen mit jedem Extradollar oder jeder zusätzlichen Mark glücklicher. Später, als schon ein kleines Auto vor dem Haus stand und ein Kühlschrank in der Küche, verlor sich das. Und heute sind die Menschen in den reichen westlichen Nationen nicht glücklicher als damals (in der Fachwelt bekannt als Easterlin-Paradox).

Das soll nun auf gar keinen Fall heißen, dass alle anderen Nationen der Welt nicht ähnliche Ansprüche an ihren Lebensstandard haben dürfen. Aber sie sollten genau hinsehen, was wirklich glücklich macht und was nicht.

GLÜCK WOHNT NICHT IM TRESOR

Im Weltmaßstab fällt auf, dass die reicheren Nationen nicht automatisch die glücklicheren sind. Das zeigt der »Happy Planet Index« deutlich.

Geld kann man nicht essen. Und menschliche Wärme oder gar Liebe gibt einem kein Geldschein.

Deshalb ist es gut, dass Länder wie Bhutan nicht nur auf das Bruttosozialprodukt und dessen Wachstum sehen, sondern auf ihr Bruttoglücksprodukt. Und das hängt nicht nur von wirtschaftlicher Stabilität ab, sondern von Faktoren wie befriedigender Arbeit, sicherer Nachbarschaft, intakter Natur, guten Ausbildungsmöglichkeiten, gleichen Chancen für alle und vielem anderem mehr (vgl. Petra Pinzler: *Immer mehr ist nicht genug! Vom Wachstumswahn zum Bruttosozialglück*). Auch große westliche Länder fangen endlich an zu überlegen, ob Glück nicht vielleicht ein besserer Maßstab für den Erfolg von Politik ist als Wirtschaftswachstum.

Geld ist notwendig, aber nicht hinreichend für Glück.

Bei den großen volkswirtschaftlichen Studien fällt auf, dass eine Nation dann glücklicher ist, wenn die Unterschiede zwischen Arm und Reich nicht zu groß sind. Wir sind einfach Meister des Vergleichs (mehr dazu in »Dankbarkeit statt Neid«). Es macht uns unglücklich, wenn wir ständig sehen, dass andere Menschen einen viel größeren finanziellen Spielraum haben als wir selbst. Sähen wir das nicht, würden wir vielleicht gar nicht auf die Idee kommen, mehr haben zu wollen.

Lieber sollten wir genau in uns hineinhorchen, was uns wirklich glücklicher macht. Brauchen wir dieses Kleidungsstück tatsächlich, oder wird es in drei Tagen im dunklen Schrank hängen? Ist jene Reise wirklich notwendig, oder ist es zu Hause viel gemütlicher? »Weniger ist mehr – Glück« heißt das entsprechende Kapitel.

Überlegen wir, was wirklich zählt – und genießen das umso mehr. Frustkäufe halten nicht lange.

Und wenn wir trotzdem innerlich voller Neid vor den Toren der Reichen stehen, lassen wir uns von den Fassaden nicht blenden! Lassen wir uns unser persönliches Glück nicht verderben durch Klischees und Halbwahrheiten! Ein Ach wohnt unter jedem Dach.

> »GEIZ UND GLÜCK WERDEN SICH NIEMALS KENNENLERNEN.«
> BENJAMIN FRANKLIN

Viel Geld führt zum Wunsch nach noch mehr. Plötzlich vergleicht man sich mit noch Reicheren und fühlt sich arm trotz voller Konten. Und macht sich Sorgen um die Stabilität der Währungen, um den Kaufkraftverlust, um die Zukunft der Banken.

Plötzlich beschäftigt man sich mit Gefahren, die man ohne Geld nie gekannt hätte. Wie sicher sind die Kinder? Was kann man tun, um sie vor Entführung zu schützen? Wie gehen sie mit dem Neid der ärmeren Freunde um? Wie sichert man sich gegen Einbruch und Vandalismus? Wie schützt man sich gegen Erpressungsversuche? Wie vermeidet man, dass jeder gleich mehr Geld will, wenn er merkt, wie reich man ist? Dass Menschen nur etwas von einem wollen, weil man viel Geld hat?

Diese Sorgen mögen den meisten wie von einem anderen Stern erscheinen, sie sind aber real für den, der sie hat. Und überschatten für manchen das eigentlich mögliche Glück.

Der Goldtaler hat zwei Seiten. Er schafft die Basis für glückliches Leben, kann dieses aber auch zerfressen. In den großen Villen der Vorstädte lebt viel Alkohol, Sucht, Depression, Einsamkeit und Sehnsucht nach prallem, einfachem Leben.

GLÜCK WOHNT NICHT IM TRESOR

Glück kann in der kleinen Mietwohnung und im Palast wohnen, im Polo und im Mercedes.

Die kleine Hütte im Wald macht manchen glücklicher als der Protzpalast im Park.

Sind die notwendigsten Bedürfnisse befriedigt, entscheiden wir selbst, wie wir mit unserem Kontostand leben. Ob wir grün vor Neid werden, leiden und ständig mit dem Schicksal hadern. Oder aus dem Vorhandenen das Beste machen, mit Humor, Ideen, Lebenslust und Spontaneität.

Der goldene Ehering kann genauso glücklich machen wie der aus Kaugummipapier. Das Glas Champagner genauso wie ein Bier an der Theke.

Glück braucht Geld, aber Geld macht nicht glücklich.

Der Glanz des Seins hängt weniger am Glänzen der Münzen als an dem der Augen.

Die Luxushotels sind voll von frustrierten Paaren, die sich nicht einmal mehr streiten.

Und die Slums voll von Kindern, die glücklich Fußball auf der Straße spielen.

Das ist kein Automatismus – genauso wenig wie umgekehrt. Wir selbst sitzen am Lenkrad unseres Lebens, nicht unser Banker. Wir bestimmen, was wir aus der uns vergönnten Lebenszeit machen. Und Zeit verrinnt schneller als Geld.

Aus Resten im Kühlschrank ein kleines Essen zaubern macht oft mehr Spaß als das Vier-Gänge-Menü im gepflegten Drei-Sterne-Restaurant. Und die zerschlissene Jeans ist oft sexier als das teure Kostüm. Zaubern wir, machen wir das Beste aus unseren Möglichkeiten! Das macht glücklicher als die Klage über zu wenig Geld.

Ein Lottogewinn macht erwiesenermaßen nur kurzfristig glücklicher. Man muss sich mit Problemen beschäftigen, die man vorher nicht hatte, und fällt nach der Freude über die neuen Möglichkeiten schnell auf das Level seiner Zufriedenheit vor der schönen Nachricht zurück.

Niemand ist glücklich, weil er reich ist. Glück wohnt nicht im Tresor.

Und das Wesentliche im Leben lässt sich nicht kaufen.

Aus
Langenscheidts Leben

>> *In meiner ersten Ehe lebte ich finanziell total unbesorgt. Dann geschah, was ich ausführlich im Kapitel »Auf dem Sterbebett ist es zu spät: Mut zum Glück« schildere. Ich verliebte mich und schmiss mein ganzes Leben um.*

Mein Verhältnis zu Geld hat sich seitdem gewandelt. Mir wird bewusst, wie wenig ich in manchen Lebensbereichen wirklich brauche. Und ich genieße das, denn – wie wir gesehen haben – ist beim Glück weniger oft mehr.

Ich konzentriere mich auf das Wesentliche – und das ist nur selten das Teure. Der emotionale Wert ist für mich wichtiger geworden als der finanzielle. Dinge, die ich geschenkt bekomme oder für die ich kämpfen muss, machen mich glücklicher als welche, die ich kaufen kann.

Ich fühle mich reich – aber nicht an Geld. Sondern an Möglichkeiten, Ideen, Gefühlen, Verantwortung. Und sehe Geld mehr und mehr als ein Lebensmittel – um das Notwendige zu besorgen.

Ich liebe eine gewisse Bescheidenheit. Und denke oft an den Schwimmer im blaugrauen Meer. Wenn er seinen Blickwinkel nur ein wenig ändert und seinen Kopf ins Wasser steckt, sieht er plötzlich die berückende Vielfalt der farbigen Fische und Korallen unter Wasser.

Glück ist, das Auto in der Garage zu lassen und das Fahrrad zu nehmen.

Ich habe gelernt: Jenseits eines gewissen Vermögens verschwinden manche Sorgen. Andere aber beginnen erst dort.

Der Autor Wolf Wondratschek schreibt über Geld: »Es ist nichts und kann einen doch den Verstand kosten. Es ist Papier und brennt sich in die Schöpfung wie ein Schandfleck. Millionen, Milliarden, Billionen, es ist wie ein Geschwätz. Ist, wenn es nicht da ist, auch die Seele pleite?« (Frankfurter Allgemeine Sonntagszeitung, 9. Oktober 2011)

Ich finde es schön, Sehnsüchte zu haben. Zu kämpfen für Dinge und Projekte, die mir wichtig sind.

Und wichtiger als das Geld, das ich habe, ist mir jenes, das ich anderen in Not zukommen lassen kann. Dem Freund, dessen Musikerkarriere stockt. Dem Bettler, dem die Hand fehlt zum Arbeiten. Und vor allem Hunderttausenden von Kindern ohne Heimat und Hoffnung, denen ich mit vielen anderen zusammen bei »Children for a Better World« helfe (vgl. »Das Glück der anderen« und »Worauf Glück steht«).

Als ich noch Verleger bei Langenscheidt war, ließ ich eine Goldschmiedin ein Wörterbuch aus purem Gold machen. Ich versteckte es in einem Wald. In einer speziellen goldenen Ausgabe des Langenscheidt-Wörterbuches Englisch brachten wir ein Rätsel unter, dessen Lösung zu dem Schatz führte. Hunderttausende zerbrachen sich den Kopf. Eine schwangere Frau kämpfte besonders engagiert und versprach ihren Geschwistern jeweils ein Zehntel des Preises als Erfolgsprämie, wenn sie ihr bei der Lösung des schwierigen Rätsels helfen würden. Sie fand den Schatz und war für kurze Zeit sehr glücklich. Doch der plötzliche Reichtum wandte sich gegen sie. Das Buch aus Gold war nicht teilbar. Und Geld zum Auszahlen der Geschwister hatte sie nicht. Die Familie zerbrach fast daran. Geld ist Fluch und Segen zugleich.

FILMEMACHERIN DORIS DÖRRIE
... über das Glück

Das Leben hat den Sinn, dass wir unauflöslich miteinander verbunden sind. Doch egoistisch, wie wir sind, grenzen wir uns ab, wollen allen Reichtum auf uns selbst ziehen und denken: Alles für mich, die Türen zu, Computer an. Alles allein, allein, allein! Und dann wundern wir uns, wenn wir auf unserem Berg von Zeug sitzen und irgendetwas fehlt. In meinem Film *Glück* schmieren sich Irina und Kalle zusammen ein Honigbrot. Das ist ein Moment des Glücks. Sie sitzen einfach nur zusammen an einem Tisch und essen ein Honigbrot. Sie haben es geschafft, sich aus sehr dramatischen Umständen bis zu diesem kleinen, normalen, banalen Glück vorzubaggern. Im Grunde wissen wir alle, dass es genau darum geht; dass es nicht die Seychellen sind und das türkisblaue Wasser. So ein Strand kann einen total glücklich machen, aber im nächsten Moment ahnt man, dass der Strand nur der Strand und das Wasser nur das Wasser ist. Das wirkliche Glück ist so ein geteiltes Honigbrot.

Ich war gerade zwei Monate in Mexiko, einem sehr unsicheren Land mit einem riesigen Gefälle zwischen Arm und Reich. Von den Menschen dort kann man lernen, keine Angst zu haben. Europa ist ja angeblich in der Krise, und dann stehe ich im Drogeriemarkt vor hundertvierundzwanzig unterschiedlichen Haarprodukten – ich habe sie gezählt, jede Spülung, jedes Shampoo. Krise? Dass wir hundertvierundzwanzig Haarprodukte haben, das ist die Krise. Sie nehmen uns die Sicht auf die Dinge, auf die es wirklich ankommt.

Größtes Unglück, größtes Glück: die Liebe

EINE GROSSE DEUTSCHE, DIE ICH UM IHRE GEDANKEN zum Glück bat, schrieb, für sie sei es gleichbedeutend mit Liebe. Und darüber zu schreiben, sei ihr zu privat.

Versuchen wir es trotzdem!

Liebe ist das Meer in uns. Es rollt heran und zieht sich zurück. Es steigt und fällt. Es ist voller Schönheit und Ungeheuer. Es zieht uns lebenslang in seinen Bann. Es ist das Leben.

Wer ist glücklicher: der Liebende oder der Geliebte?

Kann man ein zweites Kind wie das erste lieben? Man kann, und man wird.

Liebe ist ein Wunder. Sie ist unendlich.

Liebe ist noch ein Paar Augen und Ohren. Noch eine Nase und noch ein Mund.

Die Liebe wohnt in uns. Wir sind es, die lieben oder nicht. Menschen und Dinge, die zu lieben es wert sind, gibt es zuhauf.

Liebe ist sich häuten. Eine neue jungfräuliche Haut bekommen und zwischendurch ganz ohne dastehen.

Liebe ist der Motor des Lebens. Sie bewegt. Sie treibt voran. Alles.

Liebe, das sind Flügel für die Seele.

Weder Verliebte noch Glückliche fragen nach dem Sinn des Lebens.

Was für eine Kraft hat etwas, wenn es uns ohne Schlaf und Essen auskommen lässt!

Wessen Liebe lebt, blüht auf durch jede Berührung. Wessen Liebe tot ist, ärgert sich darüber, dass die Klorolle falsch herum hängt.

Sich verlieben ist einfach. Lieben dagegen ist Reife und Weisheit.

Liebe verhält sich zu Verliebtheit wie Erwachsensein zu Kindheit.

Was ist schöner: atemlose Verliebtheit oder der lange Atem andauernder Liebe? Am besten beides.

Die Herausforderung des Lebens: die Freude am Lächeln des anderen lebendig halten. Sie nicht durch Alltagsallerlei wie durch Unkraut überwuchern lassen.

GRÖSSTES UNGLÜCK, GRÖSSTES GLÜCK: DIE LIEBE — XVI

Das Ideal ist wohl, vom Schmetterling zum Adler zu werden und aus der Vergänglichkeit des Rauschzustandes heißer Verliebtheit etwas anderes, noch viel Stärkeres entstehen zu lassen: die innige Vertrautheit großen gegenseitigen Verständnisses und gemeinsam gestalteten Lebens. Dann erst entsteht wirkliches Glück, lebenslang.

Wir glauben so oft, mit jemand Neuem wäre die Liebe einfacher und schöner. Sie wäre es im Zweifelsfall nicht. Denn wir bleiben wir.

Verletzt werden wir immer. Nehmen wir dies als Teil des Lebens und nicht immer übel. Der Lohn ist die Chance auf lange Liebe. Ohne Verbitterung.

Fragt man Menschen am Tag der Goldenen Hochzeit nach ihrem Glücksgeheimnis, sagen sie immer dasselbe: Respekt und Humor.

Den anderen so sein lassen, wie er ist. Mit einem Lächeln in den Augenwinkeln.

Sich selbst lieben – und die anderen noch viel mehr. Nicht weil sie wie man selbst sind, sondern ganz anders.

AN RHEUMATISMUS UND AN WAHRE LIEBE GLAUBT MAN ERST, WENN MAN DAVON BEFALLEN IST.
MARIE VON EBNER-ESCHENBACH

Ohne Liebe würden die Männer wohl auf der nördlichen Erdhalbkugel leben und die Frauen auf der südlichen. Und jeweils langsam aussterben.

Im Glück und in der Liebe geht es um den weisen Umgang mit Erwartungen. Das Heil kommt nicht von außen.

Ohne Verzeihen gehen weder Glück noch Liebe.

Streit gehört zur Liebe wie unliebsame Verwandte zur Familie. Sie kommen immer mal wieder vorbei, gehen aber auch wieder.

Der zärtliche Blick auf den anderen – verlernen wir ihn nie!

Warum der und nicht jener? Ist es die Haut, der Geruch, eine Bewegung? Ist es, dass er uns an uns selbst erinnert? Oder an unsere Eltern? Egal, Hauptsache Liebe.

Liebe ist das schönste Geschenk des Lebens an uns. Besser als Weihnachten und Geburtstag zusammen. Vorsichtig auspacken, behutsam anfassen!

Liebe ist wie die Sandburg am Strand, der Luftballon auf der Landstraße. Schön, aber sehr gefährdet. Sie braucht viel Aufmerksamkeit.

Natürlich ist Verliebtheit wie eine rosa Brille. Sie macht aus Männern Helden und aus Frauen Prinzessinnen. Aus Alltag wird Märchen, aus Routine Atemlosigkeit. Was für eine wunderbare Fähigkeit des Menschen! Liebe lässt ihn zaubern.

Der Trost, wenn die rosa Brille von der Nase fällt: Märchen für immer macht gar nicht glücklich. Keiner will ständig im Kino sitzen.

GRÖSSTES UNGLÜCK, GRÖSSTES GLÜCK: DIE LIEBE

Die Natur macht es vor. Aus einem recht einfachen anatomischen Akt macht sie etwas, für das wir in bestimmten Momenten sterben würden. Etwas, um das die Welt zu kreisen scheint. Die Literatur und das Kino ohnehin.

Der Liebeskummer fragt: Wäre Leben ohne Liebe glücklicher? Die Frage stellt sich nicht wirklich. Wer nicht liebt, lebt nicht.

Aus
Langenscheidts Leben

>> *Das ist beim Thema Liebe auch sehr privat. Aber versprochen ist versprochen.*

Sie ist für mich auch beim Zähneputzen sexy.

Sie ist klug und gefühlvoll.

Sie ist meine andere Hälfte.

Ich könnte sie auf Händen tragen, wäre sie nicht ein wenig groß.

Sie hat mein Leben vom Kopf auf den Fuß gestellt.

Wein trinke ich jetzt weniger, Whisky gar nicht mehr.

Wenn es zwischen uns nicht klappen sollte, will ich keine andere Frau mehr und gehe wie Karlheinz Böhm nach Afrika.

Ich würde sie auch in hässlich nehmen.

Seit ich sie kenne, habe ich zwei Sonnen.

Für Zahlenfans: Sie ist gleich groß wie ich. Ich wurde am 7. 3. geboren, sie am 3. 7.

Für Skeptiker: Es ist nicht immer Frieden zwischen uns. Manchmal streiten wir uns ganz furchtbar.

Aber sie hat mich gelehrt, mich zu entschuldigen und zu verzeihen.

Sie ist extrem schlagfertig.

Sie hat für all das, was zwischen uns passiert, nicht nur den siebten, sondern auch den achten und neunten Sinn.

Sie ist für unsere drei Töchter eine Mutter, wie man sie sich nicht besser wünschen kann: liebevoll, geduldig, mitleidend, verantwortungsvoll, tröstend, streng, konsequent.

Bevor wir uns ineinander verliebten, wurde sie mir mehrfach vorgestellt. Sie war so schön, dass ich kaum sinnvolle Worte fand und die kurzen Begegnungen jedes Mal wieder verdrängte. (Sie meint, das sei ein schlechter Trick …)

Nie vergessen werde ich die ersten zaghaften Short Messages. Sie schrieb auch gerade an einem Buch, und im Austausch darüber merkten wir, wie ähnlich wir ticken.

Für sie sprang ich von einem sehr hohen Sprungbrett.

GRÖSSTES UNGLÜCK, GRÖSSTES GLÜCK: DIE LIEBE

Sie ist weise genug, nie etwas zwischen meine beiden Söhne (aus erster Ehe) und mich zu stellen. Ich liebe die beiden wie meine Augäpfel und kann mir keine besseren vorstellen.

Wir sind so ähnlich wie unterschiedlich. Verstärken und ergänzen uns.

Mit ihren ein Meter dreiundachtzig ist sie meine große Liebe. Und zugleich mein bester Freund.

Ich kann mich nicht an ihr sattsehen, ob in Schlafanzug oder Abendkleid, Jeans oder Bikini.

Sie ist mein Liebesglück in guten und in schlechten Zeiten, bis dass der Tod uns scheidet. «

Wenn Sie mal wieder am Leben verzweifeln, denken Sie an
... ANDY HOLZER

Er wuchs in einem Dorf in den Dolomiten auf und ist seit Geburt wegen einer Netzhauterkrankung blind. Nie besuchte er eine Blindenschule, immer wollte er sich in der Welt der Sehenden behaupten. Mit neun Jahren entdeckte er seine Leidenschaft fürs Bergsteigen. Seitdem hat er dafür eine ganz eigene Technik entwickelt: Mit den anderen Sinnesorganen macht er sich ein Bild von jeder Situation und findet den Weg auch unter Extrembedingungen nach oben wie nach unten. Die meisten der legendären Seven Summits, der höchsten Gipfel aller Kontinente, hat er schon erklommen. Er scheint mehr zu sehen als die meisten Sehenden.

Das Glück der anderen

EIN UNVERGESSLICHER GLÜCKSMOMENT FÜR MICH war es, als Ted Turner, der Kopf hinter dem Nachrichtensender CNN, eine Milliarde an die UNO spendete. Aus Scham darüber, wie die USA diese so elementar wichtige Weltorganisation immer wieder boykottieren, wenn deren Beschlüsse amerikanischen Interessen zuwiderliefen. Eine Milliarde für einen guten Zweck – das trieb mir Tränen der Freude in die Augen. Und dann relativierte der verantwortungsvolle und großzügige Spender auch noch alles, indem er sagte, man solle das nicht zu hoch aufhängen. Es sei in etwa die Wertsteigerung seines Aktienpaketes seit acht Monaten.

Da wurde in der Welt eine Schallmauer durchstoßen. Gutes zu tun wurde nicht mehr allein den Ehefrauen mit Flohmärkten oder Benefizgalas überlassen. Nein, hier begriff jemand, der mit visionärer Kraft und hochgekrempelten Ärmeln viel Geld verdient hatte, dass sein Mitwirken auch im sogenannten Dritten Sektor gebraucht würde.

In den USA hat das große und feine Tradition. Seit Carnegie und Rockefeller ist es üblich, seinen Reichtum zu guten Teilen an die Bedürftigen der Welt abzugeben. Nicht allein der Staat hat die Verantwortung, jenen zu helfen, die nicht im Wettbewerb der Marktwirtschaft mitkommen, sondern jeder von uns. Der eine durch Hilfe im Altersheim um die Ecke, der andere mit Milliarden für Afrika.

Das ist bitter notwendig. Nicht nur, weil viele Staaten ohnehin hoch verschuldet sind und nah am Bankrott stehen. Nein, auch weil man als Politiker nur mit Massenthemen Wahlen gewinnt: Arbeitslosengeld, Rente, Pflege. Not ist aber ganz oft minoritär oder weit weg. Mit der Unterstützung von AIDS-Kranken gewinnt man in Deutschland keine Wahl und mit der Erhöhung der Entwicklungshilfe für Nigeria in den USA erst recht nicht. Das Unglück und die Not sind jedoch real – und wer sonst soll sich darum kümmern, wenn nicht wir alle?

Ob nun mit viel Geld, weil keine Zeit da ist, oder mit Zeit und Einfallsreichtum, weil das Konto nicht voll ist.

Wir Menschen brauchen einander in einem ganz existenziellen Sinne – und nicht nur in der freundschaftlichen Verbindung, in der Schulklasse, im Team, in Liebe und Leidenschaft oder zur Reproduktion. Wir brauchen den Pakt zwischen den Eltern, die ihren Kindern durch Erziehung und Liebe ein Trampolin ins Leben bauen, und der nächsten Generation, die sich später fürsorglich um die alt gewordenen Eltern kümmert. Wir brauchen trotz aller Privatisierungstendenzen in der Altersvorsorge das Bündnis zwischen den Generationen, das heißt den Arbeitenden und den Ruheständlern. Wir brauchen zu Frieden und Stabilität in einer zusammengewachsenen Welt gemeinsame Anstrengungen zur Sicherung des Notwendigsten für die Ärmsten der Armen, sonst werden wir noch viele Flugzeugangriffe auf Wolkenkratzer, Geiselnahmen und Erpressungen erleben. Wir brauchen nach dem Wegfall von Wehrpflicht und Zivildienst ein soziales Pflichtjahr – und zwar nicht allein den

DAS GLÜCK DER ANDEREN XVII

Kranken, Alten, Behinderten und Schwachen zuliebe. Sondern auch, weil die Erfahrung des Helfens unabdingbar ist für die Entwicklung zu einer reifen und charakterstarken Persönlichkeit.

Wir sind Engel mit bloß einem Flügel – aber eben nicht nur in dem romantischen Sinne, dass erst in der Liebe der Mensch zum Menschen wird.

Die schönste und prominenteste Geschichte dazu ist die von Bill Gates. Er war mal reichster Mann der Welt, jetzt ist er es nicht mehr. Dafür vielleicht innerlich. Er hat die Hälfte seines immensen Vermögens nicht etwa durch fallende Aktienkurse oder Gewinne von Microsoft verloren, sondern es verschenkt. Aber nicht einfach so.

Als er noch Chef von Microsoft war, beobachtete er mit nicht allzu großem Respekt die karitativen Bemühungen seiner Frau Melinda. Bei ihr und ihrem Vater ging es nicht um viel Geld, aber um umso mehr Herz. Bill gab ab und zu ein paar Dollar dazu. Dabei merkte er aber, wie beglückend es ist zu helfen, und überlegte sich, ob er die Methoden, die ihn so reich und seine Firma so erfolgreich gemacht hatten, nicht beim Helfen anwenden könnte. Zum Beispiel Einkaufsmacht: Wenn sich die AIDS-Kranken in Afrika die teuren Mittel nicht leisten können, sollten sich nicht viele afrikanische Staaten zusammentun und als große Einkaufsmacht gegenüber den Pharmakonzernen bessere Preise herausholen? Zum Beispiel Skaleneffekte: Wenn eine Methode, die Akzeptanz von Impfungen zu verbessern, in einer Region gut wirkt, warum kann man sie dann nicht multiplizieren, die Impfstoffe billiger machen und gleich ganze Länder beglücken?

Bill juckte es in den Fingern. Sein Hirn und sein Herz tickten plötzlich nicht mehr für das Officepaket oder wie man Microsofts Betriebssystem auf alle Handys der Welt bringt. Sondern dafür, wie Menschen an Bildung kommen und wie unnötige tödliche Krankheiten verhindert werden können. Denn er hatte erkannt, dass auf diesen beiden Gebieten der Hebel zu mehr Glück am größten ist.

Vor etwa zwei Jahrzehnten starben jährlich zwanzig Millionen Babys und Kinder an Krankheiten, für die es Impfungen gibt. Heute sind es trotz gestiegener Weltbevölkerung noch acht Millionen. Mit bestimmten Maßnahmen zur Erhöhung der Impfquoten lässt sich diese Zahl in den nächsten zehn Jahren halbieren. Was für eine Vision! Und jeder, der ein Kind verloren hat, weiß, dass es Schlimmeres nicht gibt. Den Menschen vier Millionen Mal schreiendes Unglück jedes Jahr ersparen – da weiß man doch, wofür man arbeitet und lebt.

> »DAS GLÜCK ZU HELFEN IST EIN UNGEHEURES.«
> FRANK-WALTHER STEINMEIER
> (Deutscher Ex-Vizekanzler, der seiner Frau eine Niere spendete)

Aber mit klaren Visionen, durchdachten Strategien und professionellen Methoden der Effizienz und Transparenz war es nicht getan. Geld musste her, viel Geld. Und da meinte Bill, es sei eher Belastung als Glück für seine Erben, die ganzen Milliarden zu bekommen, und beschloss, jeden nur mit dem Nötigsten auszustatten und alles sonst dem guten Zweck zuzuführen. Das waren eben mal dreißig Milliarden Dollar.

Das beobachtete sein Freund Warren Buffet, der wohl erfolgreichste Investor der USA, und war begeistert von Einstellung und Methode. Er gab den gleichen Betrag dazu. Und weitere Milliardäre noch mehr.

Heute ist die »Bill und Melinda Gates Stiftung« der größte Wohltäter der Welt. Aus einem Computernerd und Powerplayer wurde ein Philanthrop und Helfender, der mehr Gutes für die Welt tut als viele Staaten zusammen.

Eine Geschichte des Glücks. Für ihn, für seine Frau, für die Armen der Welt. Ob das die Philosophen mit »summum optimum« oder »the greatest happiness of all« meinten?

Wir brauchen noch viel mehr davon!

Überall sind die Menschen aufeinander angewiesen. An seine eigene Schulter kann man sich nicht lehnen. Und sich selbst küssen geht nur mit einem kalten Spiegel.

Wir wissen aus der Wirtschaft, dass wir im Team immer besser sind – und dass Teamarbeit bedeutet, sich oft mühsam auf andere einzustellen und sie im Prozess zu halten.

Wir wissen aus dem Sport und dem Medienbetrieb, dass Mannschaftssportarten auf Dauer spannender und auch erfolgreicher sind als der Kampf Einzelner.

Wir wissen aus der Evolutionsforschung, dass der Natur das Individuum unwichtig ist – und nur die Erhaltung der Art zählt.

Wir wissen aus der Psychologie, dass der Weg zum persönlichen Glück immer über den Umweg des Glücks anderer führt – oder anders gesagt, dass das Engagement für Familie, Freunde und Dritte paradoxerweise glücklicher macht, als sich immer nur um das eigene Fortkommen zu kümmern. Ich kann in meinem Leben nur dann glücklich und erfolgreich sein, wenn ich nicht allein auf die Befriedigung meiner Interessen hin lebe, sondern mindestens gleichwertig auf die der Mitmenschen hin. Lieben ist auf Dauer schöner, als geliebt zu werden, schenken beglückender, als Geschenke zu bekommen. Von daher muss kein Pfarrer auf die Belohnung im Jenseits verweisen. Wir erhalten sie hier und heute durch die immense Befriedigung, aus dem begrenzten eigenen Kosmos zu treten und das Ganze ins Visier zu nehmen. Es ist ähnlich paradox wie beim Einschlafen: Je direkter wir es versuchen, desto mehr werden wir dabei scheitern.

Oder um es in der Sprache der Golfer zu sagen: Der richtige Schwung, jener magische Moment, in dem alles stimmt, führt von mir selbst weg.

Glück gelingt nur im Zusammenhang mit dem Glück anderer.

Aus
Langenscheidts Leben

>> *Ich habe einen Traum. Dass die Schutzbedürftigsten unter uns, die Kinder der Welt, immer einen Raum finden, in dem sie sicher und mit dem Notwendigsten versorgt aufwachsen können. Dass sie Heimat und Hoffnung haben. Und dass sie ernst genommen werden in ihren Gefühlen und Ansprüchen ans Leben.*

Leider wird es noch lange dauern, bis er Wirklichkeit wird ...

Aber seit 1994 arbeiten wir daran. Mit aller Kraft, Leidenschaft und einigem Erfolg.

Damals überzeugte ich zweiunddreißig andere engagierte Menschen aus allen gesellschaftlichen Bereichen mitzumachen. Jeder sollte zehntausend Mark und ein spannendes Projekt mitbringen. Ziel war die schrittweise Verwirklichung meines Traumes, der zu einem gemeinsamen wurde.

Eine kleine Geschäftsstelle wurde gegründet – und los ging es. Erst einmal ziemlich chaotisch und unfokussiert, da wir einfach nicht Nein sagen konnten. Wann immer Kinder unsere Hilfe brauchten, gewährten wir sie. Das war menschlich verständlich, aber nicht zu managen und zu kontrollieren. Eine gewisse Fokussierung musste her.

Wir fanden sie schnell. Wir merkten, dass viele Spender und Spenderinnen meinten, die Not sei am schreiendsten in Afrika und man solle dort helfen. Sehr viele andere aber gaben zu be-

DAS GLÜCK DER ANDEREN XVII

denken, auch in unserem eigenen Land würden Kinder leiden und wir sollten erst mal vor der eigenen Haustüre kehren. Also beschlossen wir, den Schwerpunkt auf unsere Heimat zu legen.

Weil wir die Kinder ernst nehmen wollten, beriefen wir keinen Aufsichtsrat mit grau melierten Herren, sondern Beiräte mit Kindern und Jugendlichen. Sie diskutierten mit Leidenschaft – und oft viel gründlicher als wir Erwachsenen –, wo jeder Euro am besten aufgehoben wäre.

Darüber hinaus bemerkten wir mehr und mehr, wie stark Kinder und Jugendliche ohnehin schon die Dinge in die Hand nahmen und selbst halfen. Die einen, indem sie im nächsten Altenheim lehrten, wie man Handy und Internet als Fenster zur Welt nutzt, wenn man sich selbst nicht mehr bewegen kann. Die nächsten, indem sie eine App programmierten, mit der sich Behinderte gut und sicher in ihrer Stadt bewegen können. Wieder andere, indem sie Geld sammelten für Opfer eines aktuellen Erdbebens irgendwo auf der Welt. Und noch andere, indem sie Migrantenkinder an die Hand nahmen und ihnen den Weg in ihre neue Heimat ebneten.

Diese Kinder und Jugendlichen wollten wir zu Helden und Vorbildern machen. Wir wollten ihnen Öffentlichkeit geben, Geld und Know-how. Deshalb gründeten wir den Preis »Jugend hilft!« und überzeugten Christina Rau, Eva Luise Köhler und Bettina Wulff, die Preisträger/-innen auf Schloss Bellevue zu empfangen und zu ehren. Zur gelungenen Persönlichkeitsentwicklung gehört einfach nicht nur ein funktionierendes Hirn, sondern ebenso ein großes Herz und zupackende Hände.

Es fällt schwer auszudrücken, wie viel Glück uns allein das schon brachte. Zu sehen, wie man mit einer einfachen Idee Lebensläufe prägen kann. Zu spüren, was es einer Vierzehnjährigen bedeutet, wenn sie auf Schloss Bellevue für etwas gewürdigt wird, das sie seit Jahren im Verborgenen tut. Die Tränen in ihren Augen zu sehen, den Kloß in ihrem Hals zu hören. Und das in einer Zeit, wo nur Schauspieler, Popstars und Sportler als Idole gefeiert werden.

Wie gesagt: Glück gelingt nur im Zusammenhang mit dem Glück anderer ...

Apropos andere: Nicht nur Glück ist ansteckend, Engagement ist es auch. Im Laufe der Jahre machten mehr und mehr Menschen bei der Verwirklichung meines Traumes mit. Gründer, Fördermitglieder, Berater, Helfer, Mitarbeiter/-innen, Geschäftsführer/-innen, Vorstände und ein großes Kuratorium mit teilweise berühmten Persönlichkeiten, die uns jederzeit unterstützen, wenn wir etwas brauchen. Es sind sicher mehr als zweitausend Menschen, die sich bei »Children For A Better World« engagieren. Was für ein Glück! «

SCHAUSPIELER UND ÄTHIOPIENHELFER KARLHEINZ BÖHM
... über das Glück

Was ist ein besonderer Glücksmoment für Sie?
Augenblicke des Glücks erlebe ich einerseits immer dann, wenn ich mich ganz privat und in aller Ruhe mit meiner Familie zu Hause zurückziehen kann. Andererseits fühle ich mich aber auch dann sehr glücklich, wenn ich in Äthiopien auf dem Land den Männern, Frauen und Kindern begegne, denen wir durch die Projekte von »Menschen für Menschen« den Weg aus der Armut geebnet haben. Die Freude und Dankbarkeit dieser Menschen ist immer so überwältigend, dass sie mich – ebenso wie das Ver-

trauen unserer Spenderinnen und Spender – noch lange über den Augenblick hinaus mit Glück erfüllt.

Was im Leben macht Sie besonders glücklich?
Wenn ich auf mein mittlerweile über achtzigjähriges Leben zurückblicke, empfinde ich es als großes Glück, dass ich sowohl in meiner Zeit als Schauspieler als auch in den drei Jahrzehnten als Gründer und Motor von »Menschen für Menschen« etwas schaffen durfte, was Generationen von Menschen in Europa und Äthiopien Freude bereitet und das Leben angenehmer gemacht hat.

Haben Sie bestimmte Glücksrituale in Ihrem Leben?
Auch wenn ich mich, seitdem ich vor dreißig Jahren die Organisation »Menschen für Menschen« gegründet habe, sehr intensiv mit den Problemen von Armut und Ungerechtigkeit auseinandersetze, versuche ich stets so bewusst zu leben, dass ich im Alltag auch das Schöne und Positive sehen kann: das Singen der Vögel am Morgen, die frische Luft bei einem Spaziergang in meiner österreichischen Heimat, das Lächeln eines Kindes, ein gut interpretiertes Musikstück, die Umarmung eines geliebten Menschen, ein Sonnenuntergang oder der klare Sternenhimmel im zentraläthiopischen Hochland ... Wenn wir unsere Umgebung mit allen Sinnen wahrnehmen, können wir rund um die Uhr unzählige Gründe finden, glücklich und dankbar zu sein.

Vom Glück des Verzeihens

WIR ALLE MACHEN FEHLER. Wir verletzen, ohne es zu wollen. Wir formulieren missverständlich. Wir merken nicht, dass jemand Trost braucht und keine Kritik. Wir stoßen vor den Kopf, anstatt in den Arm zu nehmen. Wir verletzen Regeln, mal bewusst, mal unbewusst. Wir vergessen Wichtiges. Wir vernachlässigen Freunde. Wir kümmern uns nicht genug um unsere Nächsten und Liebsten. Wir sind gereizt oder genervt statt freundlich und zuvorkommend. Wir merken nicht, dass jemand um Hilfe ruft. Wir wollen konstruktiv kritisieren und drehen dabei jemandem das Messer im Herz herum. Wir vergessen Geburtstage, Jubiläen und anderes, zu dem jemand unsere Aufmerksamkeit erwartete. Wir verabsäumen zu tun, was lebenswichtig wäre.

Kurzum: Wir sind Menschen.

Deshalb ist es für Glück in der Welt von größter Bedeutung, dass wir verzeihen können. Wer das nicht kann, isoliert sich Schritt für Schritt. Vereinsamt wegen Nachtragens.

Beobachten wir aufmerksam, wie viele Fehler wir selbst machen. Und geben unseren Mitmenschen Kredit für ähnlich viele.

Wir leben nur einmal. Jeder Mensch in unserer Nähe ist einmalig. Wie schade, wenn er oder sie verloren geht im Bild unseres Lebens, weil er oder sie etwas getan hat, das wir nicht gut finden. Wie viel schöner ist es, wenigstens zu versuchen, ihn oder sie zu verstehen und ihm oder ihr dann verzeihen zu können.

Es hat für viele Menschen etwas Attraktives, die Tür zuzumachen. Stolz und verletzt zu sein, wenn man schlecht behandelt wurde. Gar nicht erst die Perspektive des anderen kennenlernen zu wollen. Beleidigte Leberwurst zu sein und zu bleiben.

Und in der Tat: Eine Weile muss das manchmal sein. Aber dann sollte der Moment kommen, wo man sich mit der flachen Hand an den Kopf schlägt und die Sache lächerlich findet. Oder plötzlich merkt, warum das alles geschehen ist. Dass es vielleicht keine Absicht war, sondern Not oder Missverständnis. Dass es aus Stress oder Überforderung heraus geschah. Dass vielleicht sogar etwas Gutes beabsichtigt wurde.

Und dann kommt die Sonne wieder. Das Lächeln des Verstehens. Der Flügelschlag des Verzeihens. Und die Umarmung des Versöhnens.

Ein wahrhaft magischer, zutiefst menschlicher Moment. Die Katharsis des Alltags. Sogar der Sex danach ist manchmal besser als der in Momenten größter Romantik. Der erste Kuss, nachdem die so schwierigen Worte über die Lippen gekommen sind: »Tut mir leid«, »Habe ich nicht so gemeint«, »Ist falsch herübergekommen« oder »'tschuldigung!«

Wer das nicht kann oder es über Tage und Wochen verschleppt, gefährdet sein Glück und das anderer. Mit jeder Verletzung, die nicht durch einen Trostkuss oder einen Verzeihungsstreichler geheilt wird, entsteht eine Narbe. Die Narben überwuchern sich, und eines Tages ist die Liebe weg. Oder die Freundschaft.

Deswegen ist das Sichentschuldigen und Verzeihen doppelt wichtig. Für den Moment, damit die Energien wieder frei werden für Schönes und Positives, und für die Zukunft, damit nicht aus all den unterdrückten und ungelösten Verletzungen ein Wall des Widerwillens wird, der sich über Zuneigung und Leidenschaft schiebt wie ein Gletscher über Grönland.

Was ist wichtiger: Stolz oder Liebe?

Wollen Sie recht haben – oder einen schönen Tag?

Und vor allem: Meistens stellt sich ja heraus, dass jeder seine Sicht auf die Dinge und keiner wirklich recht hat. Wahrheit setzt sich aus unendlich vielen Sichtweisen zusammen. Und es gibt fast nie nur eine.

Noch etwas kommt dazu: Meistens weiß man zwei Tage nach einem schrecklichen Streit ja nicht einmal mehr, worum es ging. Was extrem bedeutsam schien und die ganze Beziehung infrage stellte, ist plötzlich weg. Wie ein Traum. Kann Nachtragen da die richtige Herangehensweise sein?

Wir sprechen hier die ganze Zeit über das unschuldig Schuldigwerden. Über Dinge, die man nicht gewollt hat. Die sich jederzeit im ruhigen Gespräch auflösen ließen. Und die letztlich den Hauptteil der »Schuld« des Menschen ausmachen.

> WER IMMER DAS LETZTE WORT HABEN WILL, SPRICHT BALD MIT SICH ALLEIN.
> SPRICHWORT AUS DER BRETAGNE

Schwieriger wird es natürlich bei bewusst schuldhaftem Handeln. Wenn jemand betrügt, bestiehlt, veruntreut, belügt, erpresst, verletzt, vergewaltigt oder gar mordet.

Hier ist keine allgemeine Antwort dazu möglich, ob Verzeihen denkbar ist oder nicht. Ob Rache und Strafe das Richtige sind oder die ausgestreckte Hand. Ob Verurteilung angemessener ist oder Verständnis. Ob man besser zurückschlägt oder im christlichen Sinne gleich noch die andere Backe hinhält.

Das hängt sicher sehr vom Verhalten des Schuldigen ab. Bereut er überhaupt wirklich? Kommt die Entschuldigung aus tiefstem Herzen – jeder von uns spürt das an Sprache, Mimik, Gestik, Tränen –, oder ist sie nur ein Lippenbekenntnis? Wird er Ähnliches wieder tun? Wie oft hat er Unrechtes getan und in welcher Weise?

Das Englische unterscheidet zwischen *to apologize* und *to excuse*. Der erste Schritt ist, dass sich jemand entschuldigt *(to apologize)*, der zweite – davon unabhängig – der, ob jemand die Entschuldigung annimmt *(to excuse)*.

Noch komplexer wird es bei Staaten. Der Marshallplan, mit dem das schuldige Deutschland wieder aufgebaut wurde nach den Gräueltaten des Dritten Reiches, ist ein schönes Beispiel. Trotz sechs Millionen unschuldiger Toter war es möglich, wieder auf den Schuldigen zuzugehen und zu versuchen, ihn in die Gemeinschaft der Welt zurückzuholen. Ein Glücksfall von Politik, der dazu führte, dass Deutschland nun sogar das Land ist, das in Konfliktfällen am stärksten auf Dialog setzt und Gewalt zu vermeiden sucht. Und jede kleinste Tendenz zu Antisemitismus sofort verurteilt.

Gegenteiliges beobachtet die Welt oft mit Schrecken in Nahost. Eine Gewalttat führt zur nächsten, Auge um Auge, Zahn um Zahn. Keiner von uns will gern ein Waschlappen sein und immer gleich alles verzeihen. Aber Glück kann auch nicht gedeihen in Spiralen der Gewalt.

Seit dem Paradies sind wir Menschen verstrickt in Schuld. Mal ohne Absicht, mal mit. Der Umgang damit ist entscheidend für unser Glück. Die katholische Kirche hat die Beichte und Buße. Jeder von uns muss seinen Weg finden. Patentrezepte gibt es nicht, doch wer weder verstehen noch verzeihen will, tut sich schwer mit dem Glück.

VOM GLÜCK DES VERZEIHENS XVIII

Aus
Langenscheidts Leben

>> *Ich bin wie die meisten Jungs erzogen wurden. Die Fähigkeit, um Entschuldigung zu bitten, stand nicht im Vordergrund. Es ist mir daher über die Jahre immer schwergefallen, und ich neigte zu der Annahme, ich sei schon eher im Recht.*

Das war – wie ich inzwischen weiß und oben begründe – weder gut noch richtig. Weder in der Familie noch bei Freunden noch in der Liebe.

Inzwischen bin ich klüger.

Die Tendenz zum Glauben, nur man selbst liege richtig, eint viele Männer. Man merkt es in Politik und Wirtschaft. Wann ist ein erfolgreicher Mann schon fähig, überzeugend zu sagen, er habe Mist gebaut und bitte um Verzeihung? Dabei ist es eigentlich so einfach – und sympathisch dazu. Denn jeder von uns macht Fehler, und wie schön ist es daher zu sehen, dass das auch den Besten passiert. Es entlastet, es entspannt und führt zu Vertrauen. Aber Männern wird es nicht beigebracht.

Ich habe einen großartigen Mann verzweifeln sehen, weil er lebenswichtige Freundschaften und Liebesbeziehungen ruinierte, da er nicht verzeihen konnte.

Ich habe Männer ihr Lebenswerk demontieren sehen, da sie nicht aus ihrer Haut und eine ausgestreckte Hand annehmen konnten.

Natürlich trifft diese Verallgemeinerung wie jede nicht durchgehend zu. Es gibt sicherlich auch Frauen, die nicht verzeihen können.

Also, ob Mann oder Frau, tun wir nicht so, als seien wir unfehlbar. Wir machen Fehler, andere tun es auch, und meistens sind *wir gezwungen, irgendwie miteinander auszukommen. Das geht nicht ohne Verzeihen. Es ist das Öl im Getriebe der Gesellschaft. Alles andere endet in Entfremdung, Isolation, Scheidung, Krieg.*

Ich habe das Verzeihen durch meine zweite Frau gelernt. Sie kann es – und hat mich immer wieder zu Tränen gerührt. Sie kann Kälte und Distanz nicht aushalten und kommt daher selbst dann auf mich zu, wenn die Hauptschuld bei mir lag. Sie will den Prozess einfach in Gang halten, will nicht die Tür zuschlagen, will jede Distanzierung und Abkehr verhindern. Ich selbst brauche immer ein wenig länger, bis der Wille zur Entschuldigung wirklich da ist. Erziehung kann man nicht ungeschehen machen.

Und eine Entschuldigung, die nicht von Herzen kommt, kann man in der Pfeife rauchen.

Also zehn Minuten später, aber immerhin. Und wie gut das tut, dem geliebten Menschen zu sagen, wie sehr man bedauert, was man gerade sagte oder wie man mit ihm umging. Wie all die Liebe und all das Gefühl zurückkehren! Nicht nur ist alles vergessen, nicht nur alles gereinigt, nein, vielleicht ist die Liebe sogar ein Stück gereift danach.

Anders zu leben scheint mir nicht mehr möglich. Unter den Teppich kehren, verdrängen, unausgesprochen lassen – das löscht jedes Mal einen Lichtstrahl der Liebe.

Unsere Töchter lernen es schon ganz früh. Es ist so schön und so intensiv, wenn ein Zwillingsmädchen nach einem Zerwürfnis und großen Tränen und viel Geschrei zum anderen geht, sie auf den Arm küsst und »'tschuldigung« murmelt. Und die andere lachen muss und zurückküsst. Und eine Minute später beide wieder vereint spielen, als sei nichts gewesen.

VOM GLÜCK DES VERZEIHENS XVIII

Wäre ich Minister für Glück, würde ich meinen Kollegen für Erziehung, Schule und Bildung überzeugen, Module im Unterricht einzuführen, in denen man das Entschuldigen lernt und die Rechthaberei mit einem Felsen am Bein im Meer versenkt. «

Wenn Sie mal wieder am Leben verzweifeln, denken Sie an
... NICK VUJICIC

Er hat weder Arme noch Beine. Doch anstatt sich zu verkriechen, geht er mit doppelter Kraft und Lust durchs Leben. Er surft leidensachaftlich gern (ja!), angelt und gründet Unternehmen. Sein Lachen, seine Abenteuerlust und sein Charme erobern die Herzen der Menschen. Er ist glücklich, auch wenn alles an ihm anders ist. Denn er sieht sich so, wie er ist, als einen Gedanken Gottes.

»Ohne Arme und Beine ist nicht halb so schlimm wie ohne Hoffnung«, sagt er. Sein schönster Satz aber ist: »Wenn kein Wunder passiert, sei selbst eins!«

Mutter- und Vaterglück

WARUM NUR SCHENKEN UNS KINDER – immer wieder – so viel Glück?

Fünfzig Erklärungsversuche, da eine umfassende und systematische Antwort unmöglich scheint:

* Sie holen uns auf den Boden zurück. Und lassen uns manchmal fliegen.
* Sie reißen uns aus jedem Anflug von Melancholie.
* Sie lassen uns die Welt neu entdecken. Und die Sprache gleich dazu.
* Sie brauchen uns. Und zeigen das deutlich.
* Sie stellen alles infrage, was wir mühevoll an Weltordnung in uns aufgebaut haben.
* Sie verlassen ohne Zögern die Autobahnen des Geistes und fahren mit Karacho auf Nebenwegen herum.
* Sie verbinden das scheinbar Unzusammenhängende.
* Jedes von ihnen lässt uns ein weiteres Leben leben – mit allen Höhen und Tiefen.
* Sie konfrontieren uns mit einer eigenen Agenda, die nur die ihre ist.

* Sie lassen uns den Lehrer in uns entdecken. Wir dürfen ihnen die Welt zeigen.
* Sie geben uns das schöne Gefühl, Glied einer Kette zu sein. Wissen und Werte unserer Eltern und Großeltern weitergeben zu dürfen. Eine Welle im Fluss der Zeit zu sein.
* Ihre Unschuld macht uns manchmal fast Angst. Alles ist noch so unverdorben.
* Sie diskutieren eine Viertelstunde mit uns darüber, wer wen mehr lieb hat.
* Sie küssen uns unvermittelt auf den Mund oder den Po oder die Hand.
* Sie verfolgen keine Strategie und haben keine Taktik. Beim Versteckspiel können sie nicht anders, als ihr Versteck zu verraten.
* Sie erinnern sich an alles, da ihr Gehirn noch so wunderbar offen ist und nicht überfüllt mit Krempel.
* Sie lassen uns nicht zu Atem kommen, halten uns so richtig jung.
* Sie schenken uns das tiefe Gefühl von Verantwortung für das Leben eines anderen. Und Hunderte von Momenten, die wir nie vergessen werden.
* Sie zeigen uns beim Gutenachtsagen, dass es die Kunst der Konversation doch noch gibt.
* Sie halten uns mit alldem, das sie von uns übernehmen, einen Spiegel vor und lassen uns in ihnen weiterleben und die Zeit überwinden.
* Sie lassen uns den Atem des Lebens hören.
* Ihre Träume sind magisch, ihre Fantasien beflügelnd, ihre Geschichten von einer anderen Welt.
* Ihr Lachen ist ansteckend.
* Sie machen es uns leichter, sich mit Tod und Abschied zu beschäftigen, denn sie wird es länger geben.

- Sie zeigen uns, dass alles vorübergeht.
- Sie lieben uns aus der Tiefe ihrer kleinen Herzen und zeigen uns, wie das geht.
- Sie treten in unser Leben und sind schon vorher das Wichtigste.
- Sie ermöglichen uns einen frischen, dankbaren und liebevollen Blick auf unsere Eltern und alles, das sie für uns getan haben.
- Sie zeigen uns, dass es Perfektion nicht gibt.
- Sie verbauen uns effizient jeden Weg zur Pedanterie.
- Sie schenken uns täglich den Moment der Erleichterung und Vorfreude, wenn sie nach langen Diskussionen und Liedern und Noch-mal-aufs-Klo-Müssen endlich im Bett liegen und man die Tür schließen kann.
- Sie öffnen einem die Augen dafür, wie viel Lebendgewicht man trotz kleiner Rückenprobleme tragen kann.
- Ihre ersten Worte, Buchstaben und Zahlen machen uns stolzer als unsere eigenen beruflichen Leistungen.
- Ihre blauen Augen sind ein Fetzen Himmel.
- Sie demonstrieren uns immer wieder, dass man mit viel weniger Schlaf überleben kann als gemeinhin angenommen.
- Sie lassen uns bei allen Sorgen um die Zukunft spüren, dass letztlich die Gegenwart zählt.
- Ihre Krankheiten und Unfälle führen uns zwar an die Grenzen der Angst, lassen uns aber am Bettchen über uns hinauswachsen mit Wadenwickeln, Pflastern und beruhigenden Worten.
- Ihre Diskussionen um Gummibärchen und andere kleine Sünden lassen uns Logik in neuem Licht erscheinen.
- Sie lassen uns spüren, dass das Unplanbare oft viel schöner ist als das beste Konzept.

* Ihre Spontaneität überstrahlt Zeit- und Maßnahmenpläne.
* Sie zeigen uns, dass auch eine Kellerassel schön sein kann, und lassen uns so neu über die Welt in all ihren kleinen Reizen staunen.
* Sie lassen uns wieder »Warum?« fragen.
* Und sie lassen uns miterleben, wie alles immer wieder neu beginnt. Unverstümmelt, naiv, wie eine ganz empfindliche Knospe.

Auf der anderen Seite gibt es wenig, das uns so unglücklich machen kann wie ein Kind. Krankheit, Behinderung, Verhaltensauffälligkeit, Renitenz, Entwicklungsprobleme, Schulversagen, Drogensucht, falsche Freunde – alles berührt uns existenziell und fast direkter, als wenn es um uns selbst ginge.

Vielleicht ist das die ausgleichende Gerechtigkeit für all jene, die so gerne Kinder hätten, denen das Schicksal aber keine schenkt. Wolf Schneider kommt in seinem erfrischenden Buch *Glück* jedenfalls zu dem Schluss, man könne nicht sagen, ob Kinder insgesamt mehr Glück oder Unglück ins Leben brächten. Er hat recht. Das bestätigt die gesamte Forschung. Das Leben mit Kindern ist nicht schöner, aber total anders.

Kinder reißen uns förmlich noch mal ins Leben mit allen Höhen und Tiefen. Kaum haben wir es mühevoll geschafft, unseres halbwegs zu beherrschen, werden wir mit einem neuen konfrontiert, in dem noch nichts funktioniert. Leben hoch drei.

Dazu passt der Satz aus Max Frischs *Homo Faber*: »Mit den Kindern geht das Leben.« Oft erst nachträglich merkt man, wie magisch schön die Momente mit den Kindern waren – ja selbst die durchwachten Nächte am Krankenbett, das Erbrechen im Auto oder das Windelnwechseln um vier Uhr nachts. Nichts, was wirklich zählt im Leben, ist umsonst.

Was können wir tun, um den uns anvertrauten Kindern alles mögliche Glück der Welt zu schenken?

Erst mal uns bewusst werden, dass es grob gesagt ein Drittel die Gene sind, ein Drittel Zufallsglück und nur ein Drittel unser Bemühen, was dafür verantwortlich zeichnet. Wir können unseren Beitrag also radikal unter-, aber auch überschätzen. In jedem Fall sollten wir tun, was wir nur können. Denn alles, was wir an Erziehung geben, kommt irgendwann an. Oft um Jahre verspätet, oft auf verschlungenen Umwegen, aber letztlich doch. Jeder Einsatz lohnt, jedes Gespräch hinterlässt etwas, wenngleich man oft genug das Gefühl hat, dass es in ein Ohr hinein und durchs andere hinausgeht.

> »DURCH UMGANG MIT KINDERN GESUNDET DIE SEELE.«
> F. M. DOSTOJEWSKI

Die Pädagogik ist darüber zerstritten, welcher Ansatz das kindliche Glück am ehesten befördert; das Pendel der Einschätzungen und Empfehlungen schwingt weit aus. Von der antiautoritären Erziehung am Ende des letzten Jahrhunderts bis zum »Lob der Disziplin« (Bernhard Bueb) und zur Warnung vor kleinen Tyrannen (Michael Winterhoff) am Anfang des einundzwanzigsten.

Unabhängig von allen Richtungsstreits sind es schlicht und einfach fünf Säulen, auf welchen die Erziehung zum Glück steht: Liebe, Vorbild, Grenzen, Schutz, Gemeinschaft.

Liebe ist die Grundlage von allem. Nur wer sich geliebt fühlt als Kind, kann als Erwachsener Selbstbewusstsein und Glück mit sich selbst entwickeln.

Vorbild sind Eltern in allem. Sie gehen voran, sie zeigen, wie Leben geht, sie weisen zum Glück.

Grenzen brauchen wir, da sonst Orientierung und Disziplin fehlen und das Glück sich an nichts festmachen lässt.

Schutz ist lebensnotwendig für die wehrlosen Kleinen und baut ihrem Glück erst ein Haus.

Und Gemeinschaft erfüllt dieses Haus mit beglückendem Leben, ob mit Familie, Kollegen oder Freunden.

Das inhaltliche Füllen dieser fünf Säulen der Erziehung zum Glück ist so subjektiv wie unsere Gesichter unterschiedlich. Der britischen Regel, man könne über alles außer über Geld und Religion reden, sollte man hinzufügen, auch nicht über Erziehung. Denn in der Art und Weise, wie wir mit unseren Kindern umgehen, leben wir unsere eigene Identität noch mal aus – und über die will man nicht diskutieren.

Zentrale zehn Spannseile für den Bau eines Trampolins ins Glück sind aber sicher diese:
* Die Fähigkeit, Nein sagen zu können und dabei mehr auf sich als auf die Stimme der Gruppe zu hören
* Begeisterungsfähig zu sein
* Aufrecht durchs Leben zu gehen und für seine Ideale zu kämpfen
* Fair zu sein
* Solidarität und Mitleid zu fühlen und zu leben
* So gerecht wie möglich zu sein
* Rücksicht zu nehmen
* Ehrlich mit sich selbst und mit anderen zu sein
* Leistung zu wollen, aber nicht um jeden Preis
* Voll der Liebe zu sein

Wer mit solchen Werten und Verhaltensweisen ins Leben entlassen wird, wird es leichter haben auf seinem Weg ins Glück und anderen zu mehr Glück verhelfen können.

Dem Schulleiter Ernst Fritz-Schubert verdanken wir, dass in manchen fortschrittlichen Schulen nicht nur Lesen, Schreiben und Rechnen gelehrt werden, sondern auch Glück. In *Schulfach Glück* legt er auf sehr überzeugende Weise dar, wie er dazu kam und was die Lernmodule vermitteln. Es wird klar, dass wir unseren Kindern die Fähigkeit zum Glück beibringen können. Wir können ihnen Vertrauen schenken. Wir können ihre Stärken stärken. Wir können ihnen das Gefühl geben, dass sie sich auf uns und auf andere verlassen können. Wir können ihnen zeigen, dass man sich zuversichtlich Ziele setzen und Herausforderungen meistern kann. Kurzum, so der Titel eines weiteren Buches aus seiner Feder: *Glück kann man lernen*.

Aus Langenscheidts Leben

》 Ich bin ein glücklicher Mann. Allein schon, weil ich vom Schicksal mit fünf wunderbaren Kindern beschenkt wurde: drei noch kleine Töchter und zwei große Söhne, die ich alle unendlich liebe. Von den Söhnen soll hier die Rede sein. Glück kristallisiert sich oft in Momenten, die für immer in uns lebendig bleiben und wie kleine Marmeladengläser sind, die wir jederzeit öffnen können, wenn wir ein inneres Lächeln oder eine kleine Aufmunterung brauchen. Hier aus ganz vielen ein paar:

★ *Was ich immer liebte, waren Kindergeburtstage. Die meisten Mütter waren froh, wenn sie sie überlebten, ich freute mich an jeder Minute. Einmal organisierte ich eine Schatzsuche und gab wahrheitsgemäß an, dass Piraten heutzutage nur noch weit weg im Westen Afrikas oder im südchinesischen Meer vorkämen. An einem Strauch fanden die Jungs blutbefleckte Fetzen eines Hemdes, das dem Piraten wohl beim Verstecken des Schatzes dort abgerissen war. Das Einschicken des Stoffstückes an ein Speziallabor ergab innerhalb von Minuten per Fax, dass das Hemd eindeutig aus China stammte. Was für ein Beweis und was für ein Glücksmoment für Vater und Söhne!*

★ *Immer wieder beobachtete ich, dass ich zwar als Partner für Sport, Spaß und Abenteuer sehr gefragt war, nicht aber, wenn ein Knie kaputt ging oder anderes Schmerzliches passierte. Dann wurde nach Mama gerufen. Trost war anscheinend keine Männersache. Das ärgerte mich, und ich überlegte, was ich dagegen tun könnte. Bis zu jenem Moment hatte ich Arztbesuche immer gerne meiner damaligen Frau überlassen. Jetzt beschloss ich, zumindest künftig den Zahnarzt zu übernehmen. Daraus wurde eine Tradition, die bis zum achtzehnten Geburtstag des jüngeren Sohnes anhielt. Sie wurde mit gemütlichem Eisessen und Spielplatzbesuch verbunden – und in gewisser Weise freuten wir uns sogar darauf.*

★ *Na, Elternsein bedeutet natürlich auch, für das Kind da zu sein, wann immer es einen wirklich braucht. Wenn beim Barfußfahrradfahren der halbe Zeh abgerissen wird und die Tränen erst im OP-Saal nach der Narkosespritze versiegen (was für eine Erleichterung für den mitleidenden Dad!). Oder wenn ein Sohn vor lauter Aufregung in eine große Glastür rennt und wenig später aus mehreren Wunden blutend blass auf dem Steinboden liegt und mit Blaulicht und Martinshorn in die Unfallklinik gebracht werden muss und man selber mit zugeschnürter Kehle neben ihm sitzt, seine Hand hält, ihn abzulenken und ihm den Eindruck zu vermitteln sucht, alles würde schon wieder gut werden. Solche Momente, so schmerzlich und sorgenvoll sie sind, verbinden auf das Tiefste. Sie sind Teil des Vaterglücks.*

★ *Ich glaube, dass Riten und Reden wie ein virtuelles zweites Haus sind neben dem, in dem man wirklich wohnt. Taufen, Konfirmation, Schulabschluss, Geburtstag – Anlässe gibt es viele. Und wenn man als Vater sieht, wie dem vierzehnjährigen, eigentlich sehr coolen Konfirmanden die Tränen vor Rührung die Wangen herunterlaufen, wird der Moment in Stein gemeißelt im Buch der Erinnerung.*

★ *Eine andere Rede führte ebenfalls zu Tränen, aber bei mir selbst. Es ging um den Abschied eines der beiden Söhne ins Ausland. Ich dachte, ich könnte das ganz locker machen. Aber nichts da. Nach drei Minuten musste ich so heulen, dass ich abbrechen musste. Später reichte mir ein Freund ein Glas Wodka, weil er zu Recht meinte, dass ich das bräuchte, um wieder zu mir zu kommen. Abschiede sind ohnehin nicht meine Stärke. Jahrelang sahen die groß gewordenen Söhne in den entsprechenden Momenten davor sorgenvoll in meine Augen, ob ich wieder zu emotional werden würde. Und dezent sorgten sie dafür, dass nicht zu viele Freunde dabei sein würden, weil ihnen die Stärke der Gefühle natürlich ein wenig peinlich war. Inzwischen geht es besser, obwohl ich sie nicht weniger liebe. Doch Glück fühlt sich anders an.*

★ *Was wohl jede Familie miteinander verbindet und ihre Einzigartigkeit ausdrückt, sind kleine, oft gebrauchte Formulierungen, deren tiefste Bedeutung nur die Familienmitglieder verstehen. Bei uns sind das zum Beispiel »Na toll!« für etwas, das nicht großartig ist, aber verkraftbar. Oder »saugut« für etwas, das einen einfach umhaut vor Begeisterung. Oder »so mittel« für etwas, das eigentlich schrecklich ist, man dies aber aus Höflichkeit nicht so direkt sagen möchte.*

★ *Als die Söhne etwa zwölf und vierzehn waren, kamen wir auf die Idee aufzulisten, was man als Mann im Leben so können sollte. Klavierspielen, Tischfußball, Schach, Schwimmen, Tanzen,*

Skifahren und so weiter. Als wir die Liste von vierzig Disziplinen zusammenstellten, war ich noch in achtunddreißig überlegen. Doch dann folgte Wettkampf auf Wettkampf – und etwa fünf Jahre später war es genau umgekehrt. Das Erstaunliche: Bei jedem anderen männlichen Herausforderer wäre ich beleidigt gewesen; bei meinen Söhnen war ich stolz. Der Strom der Zeit bedeutet Glück, auch wenn man plötzlich nur noch Drittbester ist.

Inzwischen gehe ich mit jedem der beiden Söhne einmal pro Vierteljahr zu zweit in irgendeinem originellen Restaurant irgendwo auf der Welt essen und freue mich, wenn er auf meine dezente Frage, ob ihn irgendwas bedrückt oder beschäftigt, nach langem Überlegen sagt: »Ob ich eine Frau finde, die mich lebenslang fasziniert?« Mit solchen Sorgen kann man leben, und es macht mich zutiefst glücklich, dass ich beiden jungen Männern ein festes Fundament des Glücks habe bauen können. Wir reden über alles, wir skypen, wir haben Spaß. Wir wandern durch schottische Moore und baden in zu hoher Brandung. Wir haben alle wichtigen Entscheidungen im Alter zwischen zehn und zwanzig so intensiv gemeinsam besprochen und gefällt, dass ich zutiefst vertraue, dass sie die richtigen von zwanzig bis hundert fällen werden. Ich habe alle meine Erziehungsziele erreicht – außer vielleicht, die beiden zu Lesern zu machen. Und inzwischen sind es oft sie, die mich in den Arm nehmen oder mir ein Glas Whisky bringen, wenn ich es brauche. Mehr Glück geht kaum. «

SCHAUSPIELERIN VERONICA FERRES
... über das Glück

Glück ist die Freude am eigenen Leben. Unbefangenheit, Leichtigkeit, Begegnungen mit aufregenden Menschen, ein Ausritt im Englischen Garten mit meiner Tochter, der Duft des selbst gebackenen Apfelkuchens.

Glück ist im Sommer morgens alleine in einem See zu schwimmen, wenn es gerade hell geworden und alles noch ganz still ist. Glück ist der Geruch der Natur. Glück ist hell, warm und gelb wie die Sonne. Glück sind Freundschaften. Glück hört sich an wie Vogelgezwitscher und das Lachen meiner Familie.

Logik hat ihre Reize, reizvoller ist das Leben

WIE OFT HÄTTEN WIR DAS LEBEN GERN LOGISCH und ohne innere Widersprüche. Dass alles so oder nicht so ist, ohne Vertun.

Das Leben allerdings tut uns den Gefallen nicht. Es ist unlogisch und voller Widersprüche.

Ein paar Beispiele gefällig?

★ Wir lieben Kinder, ihr Chaos und ihren Lärm. Und könnten sie doch manchmal verfluchen, wenn sie sich endlos darüber streiten, wer zuerst die Treppe hoch darf.

★ Wir lieben Menschen aus der Tiefe unseres Herzens. Und müssen doch merken, dass jeder seine Macken hat. Dinge, die man beim besten Willen nicht nachvollziehen kann.

★ Wir wollen pointiert und klar Position beziehen. Und doch über den einzelnen Sichtweisen stehen und ausgewogen urteilen.

★ Wir lernen von unseren Eltern, bescheiden zu sein. Später aber auch, dass man damit nicht weiterkommt. Dass man selbstbewusst nach Dingen fragen muss. Dass man in die Diskothek nicht hineingelassen wird, wenn man schüchtern in der Ecke steht. Und auch den Mann oder die Frau seiner Träume nicht unbedingt für sich einnimmt, wenn man sich gar nicht traut, ihn oder sie anzusprechen.

★ Wir entwickeln ausgefeilte Techniken, um uns und unseren Mitmenschen das Leben zu erschweren. Was man dafür tun kann, damit es einem nie zu gut geht, versammelt der Psychologe Paul Watzlawick in seiner genialen *Anleitung zum Unglücklichsein*.

★ Wir lernen in der Wirtschaft, dass wir delegieren müssen, um erfolgreich zu sein. Dass wir Vertrauen in andere Menschen haben müssen, um das zu können. Und was lehrt uns das Leben? Dass es ohne Kontrolle nicht geht. Dass wir immer wieder nachhaken müssen, sonst passieren die Dinge nicht.

★ Wir wollen leidenschaftlich sein. Und trotzdem cool und gelassen.

★ Wir wollen die Welt ändern und verbessern. Und lieben doch die buddhistische Haltung des Loslassens und Annehmens.

★ Jahrelang entwickeln wir mühevoll Bewusstsein, Gedächtnis und Denkfähigkeit, um all das dann langsam wieder zu verlieren.

★ Vor der Zeugung sind wir weder glücklich noch unglücklich. Als Kind sind wir oft glücklich, ohne es zu wissen. Als Jugendliche verachten wir das Glück. Als Erwachsene bemühen wir uns redlich darum und stellen fest, dass das Glück anderer wichtiger für uns ist als das eigene. Und irgendwann gibt es uns nicht mehr – und unser Glücksstreben auch nicht. Ja, nicht einmal die Erinnerung daran. Wenn es uns nie gegeben hätte, hätten wir uns die ganze Mühe ersparen können.

★ Die schönsten Dinge im Leben sind keine Dinge.

★ Der Sinn des Lebens ist es, ihn zu suchen.

★ Das einzig Beständige ist der Wandel.

★ Und was wusste Sokrates? Dass er nichts weiß.

LOGIK HAT IHRE REIZE, REIZVOLLER IST DAS LEBEN

Alles hat zwei Seiten. Beide stimmen. Manchmal sogar mehr als zwei.

Nichts ist perfekt. Überall sind Unstimmigkeiten und Widersprüche.

Logik hat ihre Reize, reizvoller ist das Leben. Und es ist unlogisch.

Die Dialektiker sprechen von These und Antithese, die sich in einer Synthese auflösen. Das ist zumeist nicht einmal der Fall. Das Widersprüchliche bleibt unaufgelöst nebeneinander stehen.

Wer auf dieser Welt glücklich sein will, muss damit umgehen können.

»Man muss genug Chaos in sich haben, um einen tanzenden Stern zu gebären«, sagt Nietzsche.

John C. Parkin, Sohn anglikanischer Priester, empfiehlt in seinem Buch *Fuck it!*, loszulassen, zu akzeptieren, was ist, und zu entspannen. Nicht alles so ernst zu nehmen – ob die richtige Ernährung oder das Geld, das Streben, perfekte Eltern zu sein, oder den Wunsch, die Welt zu einem besseren Ort zu machen.

> »WENN SIE DAS LEBEN KENNEN, GEBEN SIE MIR DOCH BITTE SEINE ANSCHRIFT.«
> JULES RENARD

Manche flüchten sich in die Melancholie, andere in den Sarkasmus.

Manche lächeln innerlich, manche meditieren.

Manche machen Leistungssport, manche wenden sich dem Alkohol zu.

Manche werden böse und zynisch, manche ziehen Freude aus den Absurditäten des Alltags.

Es ist die hohe Kunst des Glücks, die ureigene Technik zu entwickeln.

Wie so häufig im Leben macht es die Dosis.

Und eines hat den meisten von uns das Leben zum Glück geschenkt: den Humor.

Mit ihm lassen sich Widersprüche und Absurditäten am besten bewältigen. Er setzt Abstand voraus – und den braucht man oft. Vorsicht ist angeraten bei Menschen, die ständig sagen, dass hier der Spaß aufhöre. Das Leben ist zu ernst, um zu ernst genommen zu werden. Lachen heilt. Selbst in Krebsstationen helfen Klinikclowns.

Dabei wissen wir, dass der Clown selbst meist nicht glücklich ist. Aber er hilft anderen dabei.

»Humor ist der Knopf, der verhindert, dass uns der Kragen platzt«, meint Joachim Ringelnatz.

Aus Langenscheidts Leben

>> *Der Vater eines engen Freundes war gestorben. Die Trauerfeier fand in einem kleinen Ort mitten im Gebirge statt. Ich wollte den Freund im Moment des Abschiedes nicht alleinlassen und reiste hin. Die Anreise war lang und beschwerlich. Mein Zug musste manchen Pass überwinden. Als ich ankam, fehlte meine Brieftasche. Bargeld für die ganze Reise, Kreditkarten, Ausweis, Autopapiere, Fotos, Persönliches. Nur wenig Zeit blieb bis zur Trauerfeier. Trotzdem fragte ich nach einem Fundbüro und durchsuchte den halben Zug. Nichts. Dann schlug die Trauer über mir zusammen wie eine dunkle Woge. Erinnerungen, Liebe, Freundschaft, Tränen, Versäumtes – alles kam hoch und schwemmte jeden Gedanken an die Brieftasche weg. Sie war nicht mehr vorhanden, weder real noch in meinem Kopf.*

Wir alle verbrachten einen langen Abend der großen Gefühle miteinander. Es war wie Großfamilientreffen und Zeitreise zu-

gleich. Und wurde mehr zu einer Feier des Lebens des Verstorbenen als zur Trauer um sein Ableben. Er hätte sich gewünscht, dass man tanzt – und so taten wir es.

Am nächsten Morgen erst kam der Gedanke an die Brieftasche zurück. Ich suchte in den letzten Winkeln meines Gepäcks und etwa siebzehnmal in allen Taschen aller meiner Kleidungsstücke. Wieder nichts.

Ein bisschen lokale Währung hatte ich in einer Tasche. Ich hatte sie mir am Flughafen eingewechselt. Es wurde zur Herausforderung für mich, damit durch das Wochenende zu kommen. Weniger ist mehr – Glück. Jede Tafel Schokolade wurde zum Luxus. Und ich schaffte es. Aus Unglück war unversehens ein kleines Stück Glück geworden.

Später fuhr ich wieder zum Bahnhof, eigentlich ohne Hoffnung. Aber eine Stimme in mir forderte laut: Gib nicht auf! Und so ging ich zu jedem Lebensmittelladen, Imbiss und Fahrkartenschalter im Bahnhof und erzählte meine Geschichte. Etwa zweiundzwanzigmal. Beim dreiundzwanzigsten Mal schaute die Bahnangestellte mir ins Gesicht und sagte, jemand habe vorhin eine kleine Plastiktüte abgegeben. Sie habe noch keine Gelegenheit gehabt hineinzusehen. Sie tat es. Und unfasslich, die Brieftasche war drin. Ohne Bargeld zwar, aber mit allem anderen. Jemand hatte sie in der Toilette des Zuges gefunden.

Ich hätte die Welt umarmen können. Eigentlich war die Brieftasche ja schon aus meinem Bewusstsein entschwunden angesichts der großen Gefühle der Trauerfeier. Hätte ich sie nicht verloren, hätte sie gar nicht zu Glück oder Unglück beigetragen. So hatte sie zu kurzem Unglück geführt und jetzt zu Riesenglück. Ich konnte es nicht glauben. Drückte der Angestellten mein restliches Bargeld in die Hand. Rief meine Liebsten an mit der Wun-

dernachricht. Sprang unvermittelt hoch auf dem Bahnsteig. Umarmte posthum den Verstorbenen.

Glück und Unglück liegen in einem Bett. Als im Zug eine Ansage kam, dass eine Lawine auf unsere Strecke niedergegangen sei, lächelte ich nur. Nichts hätte mir wurster sein können.

»Not getting what you want is sometimes a wonderful stroke of luck« las ich später im Zug in einer Zeitung. Und dachte an einen Mann, den ich mal an einem Strand angesprochen hatte. Er ging mit einer Art Metalldetektor über den Sand und suchte offensichtlich nach Uhren, Schmuck und Ähnlichem. Ich fragte ihn, ob er je etwas finde. Er lachte mich glücklich an und meinte: »Nein, fast nie!«

LOGIK HAT IHRE REIZE, REIZVOLLER IST DAS LEBEN

Wenn Sie mal wieder am Leben verzweifeln, denken Sie an
... BARBARA PACHL-EBERHART

»Ein Leben lang«, so hatten ihr Mann und sie versprochen, würden sie sich lieben, ehren und achten. Sie wussten nicht, wie kurz ein gemeinsames Leben sein kann.

Denn acht Jahre später verlor Barbara Pachl-Eberhart ihren Mann bei einem schrecklichen Verkehrsunfall. Am Morgen im Bett hatte er ihr noch gesagt: »Ich weiß auch nicht, was mit mir ist, ich hab seit gestern Abend das Gefühl, ich könnte Bäume ausreißen, ich bin so voller Freude.« Wenige Stunden später war er tot.

Mit ihm im Auto saß die gemeinsame Tochter Fini, die drei Tage später im Krankenhaus an Herzversagen starb. Noch an den Maschinen hing zu diesem Zeitpunkt Sohn Thimo. Allerdings war sein Hirn durch den Unfall so zerstört, dass es keine Hoffnung gab, dass er wieder aufwachen würde. Seine Mama sagte ihm immer wieder: »Du darfst gehen, geh mit leichtem, frohem Herzen, dein Papa wartet auf dich im großen Licht und in der schönen Musik.« Er ging – in ihren Armen.

Kurz darauf schreibt Barbara Pachl-Eberhart einen offenen Brief an ihre Verwandten und Freunde, in dem sie sehr bewegend ihre Gefühle zeigt. Im Buch *Vier minus drei*, dem all diese Informationen entstammen, erzählt sie auf berührende und beeindruckende Weise, wie sie sich ihrem Schicksal stellte und durch die Trauer hindurch zu einem neuen Ja zum Leben fand. Das starke innere Band zu den verstorbenen Lieben gab ihr die Kraft dazu.

Dankbarkeit statt Neid

NEID MACHT HERZ UND HIRN GANZ GRÜN. Er frisst sich heimlich überallhin und zermürbt das Glück wie Milben die Haut. Was eigentlich schön und wünschenswert und erfreulich ist, wird durch diesen Feind aller Selbstgenügsamkeit schal und grau und mittelmäßig. Neid steht ganz oben auf dem olympischen Treppchen der Glückskiller.

Was ihm so konstant Goldmedaillen im Glücksverringern beschert, ist die Tatsache, dass er so tief in uns und unserem Wirtschafts- und Sozialsystem verwurzelt ist. Schon Kleinkinder können das Kuchenstück nicht genießen, wenn sie glauben, das des Bruders sei größer oder besser. Beim Trip in den Ausflugspark wollen sie den Prospekt der Schwester, da kann man ihnen noch so intensiv klarzumachen versuchen, dass es der gleiche ist wie der eigene.

Wettbewerb braucht Vergleich – und Vergleich führt zu Neid. Wer hört, dass die Gehaltserhöhung des Kollegen höher ist als die eigene, kann sich plötzlich nicht mehr darüber freuen, obwohl sie per se sehr erfreulich war. Wer beim Abschlussball das Mädel im Arm des Freundes attraktiver findet als die noch so umwerfende eigene Partnerin, wird vor Gram das Verhältnis zu ihr kaputt machen, so schade das auch sein mag.

Wir sind sowohl genetisch als auch durch unsere Erziehung geprägt in Richtung Vergleich. Wir sind soziale Wesen, wir wollen uns einordnen im Verhältnis zu den anderen um uns herum. Eltern sagen: »Das Nachbarskind kann schon schreiben und du noch nicht.« Lehrer zeigen durch Noten und Kommentare deutlich, wo man im Klassenvergleich steht. Sport besteht aus Ranglisten, und die Medien lieben sie auch.

Man muss nicht Buddhist werden, um die negative Seite dieses Systems zu erkennen. Gewinnen können immer nur einige wenige, die Möglichkeit, glücklich zu werden, sollen aber alle haben. Und im Übrigen ist nicht einmal gesagt, dass Gewinner glücklicher sind, denn oft vergleichen sie sich wiederum mit anderen, die in irgendetwas noch besser sind. Der Bronzemedaillengewinner ist glücklicher als der mit Silber auf der Brust, denn er ist froh, überhaupt auf dem Treppchen zu stehen. Der Zweitplatzierte ärgert sich über die null Komma zwei Sekunden, die ihm zu Gold fehlten.

Und Neid macht so schrecklich abhängig von anderen. Er fällt den Baum des Glücks, der eigentlich so stark und selbstständig wachsen könnte. Nur weil es irgendjemand besser hat, ist unser Leben plötzlich nichts mehr wert. Was für eine Selbstdemontage jeglichen persönlichen Stolzes und eigenen Weges!

Noch etwas kommt dazu: Oft stimmt nicht einmal, was wir über das angeblich größere Glück des anderen vermuten. Die Welt ist voll falscher Annahmen über das Leben der anderen. Wir glauben, jemand sei glücklich verliebt und habe keine Geldsorgen und liebe seinen Beruf, aber wissen wir es wirklich? Erwachsenwerden bedeutet hinter Fassaden zu schauen – und was man dahinter sieht, lässt einen daran zweifeln. Der äußere Schein ist meist anders als die Wirklichkeit.

Das betrifft nicht nur Sport, Kirche, Politik, Prominenz und Liebe, über deren wahres Wesen wir ständig schmerzlich von den Medien aufgeklärt werden in Berichten über Doping, Missbrauch, Korruption, Drogen und Scheidung. Nein, die Lebenserfahrung lehrt uns, es auch bei Kollegen und Nachbarn anzunehmen. Neid ist nicht nur glückszersetzend, er fußt meist sogar auf falschen Annahmen.

Städter beneiden Menschen auf dem Land um deren Leben und umgekehrt. Kinderlose beneiden Eltern um deren Kinder und Eltern Kinderlose um deren Freiheit. Nachtschwärmer beneiden Sesshafte um ihre gemütlichen Abende auf der Couch, Sesshafte träumen vom Glamour und Thrill der Nächte draußen in der Großstadt. Und keiner hat recht. Denn keine Lebensweise ist nur glücklich oder unglücklich. Jede hat ihre positiven und negativen Aspekte. Glücklich wird, wer sich eine zurechtzimmert, die ihm oder ihr gerecht wird, und lebenslang an dieser arbeitet, ohne sich groß darum zu scheren, ob eine andere vermeintlich besser oder schlechter ist.

Sei Du selbst! Beobachte das, was die anderen machen, um davon zu lernen und vielleicht auch die Vielfalt des Menschseins zu genießen. Aber lass Dich nicht konstant verunsichern in dem, was Du selbst machst und bist. Du bist Du, und die anderen sind die anderen.

Diese Einstellung zu verinnerlichen ist eine der großen Herausforderungen des Lebens. Man hat es nie geschafft.

Eltern können ihren Kindern den Weg zur inneren Freiheit und Selbstständigkeit erschweren oder erleichtern. Sie können ständig darauf hinweisen, was andere tun und können, oder sich eher darauf konzentrieren, die Stärken ihrer Kinder zu betonen und ihnen bei jeder noch so kleinen Gelegenheit zu zeigen, dass sie selbst ihre Entscheidung zu treffen haben. »Sag Nein, wenn Du etwas nicht willst, folge lieber der eigenen Stimme als dem Gruppendruck« – Ermutigungen wie diese helfen später zusätzlich gegen Drogen und Missbrauch.

Der Marathonlauf durchs Leben ähnelt dabei dem wirklichen durch Berlin oder New York. Manche vergleichen ihre Leistung ständig mit der des Gewinners – eine Anleitung zum Unglücklichsein. Viele hingegen sind einfach stolz, es zu schaffen – und werden selbst mit einer Zeit von über vier Stunden glücklich. Seien wir wie diese und freuen uns darüber hinaus an der irrsinnigen Vielfalt des Lebens, wenn Dicke und Dünne, Trippelnde und Ausschreitende, Lockere und Disziplinierte über die Straße des Daseins laufen.

Und was setzen wir an die Stelle des Neids? Eine Grundhaltung, die ihm in vielfacher Hinsicht überlegen ist und zutiefst beglückt: die Dankbarkeit.

DER RASEN DES NACHBARN IST NICHT GRÜNER.

Auch Dankbarkeit lernen wir natürlich als Kinder. Erst mal als Konvention: »Und was ist das Zauberwort?« – »Bitte!« – »Und wie sagt man?« – »Danke!« Aber sie ist unendlich viel mehr als das. Das Wort »Danke« gibt es in ähnlich vielen Sprachen der Welt wie den Ausdruck »Ich liebe Dich«. Dank ist überlebenswichtig. Tiere mögen ohne ihn auskommen, wir Menschen nicht.

Ist Neid einer der großen Glückskiller, ist Dank ein Königsweg zum Glück. Würden Nobelpreise auch posthum verliehen, müsste der für Frieden an den- oder diejenige gehen, dem oder der wir das Danken verdanken.

Zwischen uns Menschen ist Dank ganz einfach die Würdigung von etwas, das selbstverständlich erscheint, es aber nicht ist. Wir brauchen zum Leben die Hilfe, die Pflege, den freundlichen Klaps, die Kritik, das Schulterklopfen, das Anlächeln, die Ermutigung, den Rat. Und das würdigt der Dank, indem er kurz eine Bühne baut und den Akt der Zuwendung schön beleuchtet daraufstellt und ihm applaudiert.

Danke für Deine Liebe, Deine Freundschaft, Deine Aufmerksamkeit!

Aber Dankbarkeit als Gegenpol zum Neid geht noch viel weiter. Sie ist eine Grundhaltung zum Leben und durchdringt alles ähnlich positiv wie der Neid negativ. Wenn wir nur wollen, können wir für alles dankbar sein und es dadurch in ganz anderem Licht sehen. Für die Blume auf dem Schreibtisch, für den Wind um die Nase. Für das frisch gebackene Brot oder dafür, dass wir uns nach einem anstrengenden Tag ins weiche Bett fallen lassen können. Für unsere Eltern, Partner und Kinder. Für Freundschaft und Liebe. Fürs Morgenlicht und Abendbier. Für unsere Gesundheit und die unserer Lieben. Für die Fähigkeit zu denken, zu reden und zu schreiben. Und dafür, dass wir überhaupt sind.

Denn nichts ist selbstverständlich. Alles ist ein Geschenk. Lesen Sie nur die zwölf Geschichten zu »Wenn Sie mal wieder am Leben verzweifeln ...« und spüren Sie, wie gut Sie dran sind. Überlegen Sie doch angesichts der kleinen Sorge über eine schlechte Schulnote Ihres Kindes, was alles an viel Schlimmerem passieren könnte.

Fernsehserien wie *Grey's Anatomy* oder *Dr. House* sind wahrscheinlich aus genau diesem Grund weltweit so erfolgreich. Sie schenken Dankbarkeit dafür, dass wir all das Furchtbare, das es im Krankenhaus gibt, zu Hause bei uns nicht haben. Kleine Gebrechen erscheinen plötzlich lächerlich angesichts des großen

Schreckens. Das ist das schiere Gegenteil von Neid auf vermeintlich Positives, das wir nicht haben ...

Sie sehen: Grund zu danken gibt es genug. Lächeln Sie stumm vor Dank. Er vergoldet Ihr Leben – wie die Liebe.

Aus Langenscheidts Leben

>> *Neidgene habe ich fast keine erwischt. Ich gönne anderen Menschen ihr Leben und konzentriere mich voll und ganz auf meines und das der mir Anvertrauten. Wenn ich jogge und mich unbeobachtet fühle, rufe ich oft ein »Danke!« in Richtung Himmel – dafür, dass die Natur gerade so schön ist, dass mein Körper funktioniert, dass das Leben so ist, wie es ist. Und geht eine medizinische Vorsorgeuntersuchung gut aus, gebe ich dem nächstbesten Bettler schon mal fünfzig Euro, um etwas abzugeben vom Gefühl der Dankbarkeit.*

Um ein wenig Dank zu sagen, brauche ich daher mehr Raum, als die Oscar-Preisträger zugestanden bekommen, denen das Orchester bekanntlich schon nach einer Minute in die Rede spielt:

Meinen Eltern für Fürsorglichkeit, Schutz, Liebe, Vorbild und auch Strenge. Nur wer selbst Kinder hat, kann ermessen, was mehr als zwei Jahrzehnte Sichkümmern, Sichsorgen, Sichzerreißen und Immer-für-sein-Kind-da-Sein bedeuten. Es ist, als lebe man ein Leben zusätzlich.

Meinen Geschwistern für unvergessliche Nähe, tiefe Gemeinsamkeit und prägende Abenteuer in den Jahren der Kindheit. Auch wenn die klassische familiäre Rollenaufteilung jeden von uns einschränkt, hat sie doch ein Fundament der Identitätsfindung ge-

DANKBARKEIT STATT NEID

schaffen, auf das man sich lebenslang beziehen kann. Und meiner Schwester verdanke ich in gewisser Weise Leben und Glück.

Meinen Lehrern und Professoren, manchem Mentor und natürlich noch mal meinen Eltern für drei Ausbildungen, von denen ich keine missen möchte und die mir keiner je nehmen kann.

Meiner ersten Frau Gabriele für mehr als zwanzig Jahre herrliches und liebevolles Familienleben, unendlich reiche gemeinsame Erlebnisse, viel Geduld und Großzügigkeit. Und natürlich die zwei großen Jungs Raphael und Leonard, über die ich im Kapitel »Mutter- und Vaterglück« schreibe. Könnte man Söhne am Reißbrett entwerfen, würden die beiden bei mir herauskommen.

Meiner zweiten und letzten Frau Miriam für unendliche Liebe. Wie ich zu ihr fand, steht in »Auf dem Sterbebett ist es zu spät: Mut zum Glück!« Was ich an ihr liebe, in »Größtes Unglück, größtes Glück: die Liebe«. Was sie mir darüber hinaus schenkte, sind drei kleine Töchter: Charlotte, Amélie und Isabelle, die mein Glück vollkommen machen.

Allen meinen fünf Kindern dafür, dass es Euch gibt, dass Ihr seid, wie Ihr seid, dass Ihr mir so viel Glück und Liebe schenkt und wir uns gegenseitig so ganz und gar aufeinander verlassen können. Bessere Kinder sind für mich nicht denkbar.

Meinen Freunden für Unterstützung, Abenteuer, Spaß, Kritik, Reden, Schweigen.

Ungezählten Menschen in all meinen beruflichen Welten für Vertrauen, Kompetenz, Ehrlichkeit und Inspiration. Die deutsche Uni-

versität mag einem mitgeben, dass man allein alles schneller und besser kann, wahr ist das allerdings nicht. Außer vielleicht Schreiben, Malen oder Komponieren geht alles Herausfordernde nur im Team.

Viele Bücher habe ich nun verfasst oder herausgegeben. Dieses hier ist mir das Wichtigste. Daher ein besonders herzlicher Dank an Ulrich Genzler, Heike Plauert, Claudia Limmer und Ute Bierwisch im Heyne Verlag, ohne deren Engagement und Professionalität es nie das Licht der Welt erblickt hätte. An Miriam Langenscheidt, Anja Dollinger, Sonja Kuntzmann und Therese Meitinger für sehr einfühlsames und kluges Gegenlesen und Mitdenken. Und an Klaus Bresser, Norbert Froitzheim, Steffen Heemann, Tom Jacobi, Alexander Koch, Beate Langenscheidt, Leonard Langenscheidt und Raphael Langenscheidt für unzählige wichtige Gedanken und Kommentare.

Bei einer Oscar-Verleihung würde ich schon längst in den Orchesterklängen untergehen. Ich könnte lange weitermachen. «

GOLDMEDAILLENGEWINNER UND STÄRKSTER MANN DER WELT MATTHIAS STEINER
... über das Glück

Für mich ist das Entscheidende zum Glücklichsein die Einstellung zu sich selbst. Auch wenn es in unserer Natur liegt, versuche ich, nicht immer auf die anderen zu schauen. Eine besondere Gefahr dabei ist das direkte Umfeld (Freunde, Bekannte, Arbeitskollegen ...), denn das ist messbar. Ich habe direkte Vergleiche mit Menschen in meiner Umgebung, möchte denen aber nicht nacheifern, sondern die Situation als gegeben hinnehmen. Sonst wäre ich ständig unzufrieden und somit unglücklich. Man sollte versuchen, sich eigene realistische Ziele im Leben zu stecken. Wenn diese erreicht sind, kann man auch zufrieden sein und muss nicht ständig gucken, wem geht es vermeintlich noch besser als mir!

FERNSEHMODERATOR JOHANNES B. KERNER
... ergänzt:

Dankbarkeit und Demut nicht nur nennen, sondern leben.
    Und manchmal in leere Kirchen gehen. Man muss gar nicht glauben. Es wirkt einfach so.

Beim Glücks-TÜV: Freiheit, Glaube, Bildung, Intelligenz, Alter, Aussehen und Abwechslung

WAS IST WICHTIG FÜRS GLÜCK? Wir haben über viele Einflussfaktoren gesprochen, altbekannte und überraschende. Hier kommen sieben auf den Prüfstand, von denen viele Menschen glauben, dass sie ausschlaggebend sind für das Glück. Sehen wir genauer hin!

Freiheit

Es gibt sicher Glück in Diktaturen. Aber auf die Dauer will der Mensch frei sein. Sich nicht vorschreiben lassen, wie sein Glück und sein Leben auszusehen haben – selbst wenn der Diktator es gut meinen sollte. Und sich erst recht nicht einsperren, versklaven oder unterdrücken lassen.

Deshalb stand das Volk im ehemaligen Ostblock auf und spülte die sozialistischen Machthaber weg. Deshalb schüttelten die Menschen in den arabisch geprägten Ländern am Mittelmeer ihre Diktatoren ab. Ob sie im entstandenen Vakuum zwischen religiösen Fundamentalisten und westlich geprägten Parteien sofort glücklicher geworden sind, stellt sich als Frage nicht wirklich. Freiheit ist unbedingt. Auch die Tatsache, dass von Eltern geschmiedete Ehen in der Regel stabiler sind als durch Liebe entstandene, wird kaum einen von der Liebesheirat abhalten.

Nach Revolutionen in Europa und Amerika, nach Aufklärung und Demokratisierung haben wir das in uns wie Herz und Lunge: Wir wollen bestimmen, wer wir sind und was wir tun. Wir wollen Freiheit. Erst von den Eltern, dann von den Lehrern und immer vom Staat.

Nur sollten wir nicht glauben, dass wir je wirklich frei sind. Werbung, Mode, Geld, Umgebung, Medien – alles macht uns Vorgaben und versucht uns heimlich zu gängeln. Die Autonomie ist eine scheinbare. Aber lieber Verführung und sanfter Einfluss als Polizeistaat und Zensur!

Hinzukommt: Zu viel Freiheit verunsichert. Zu viele Wahlmöglichkeiten machen unzufrieden. Mancher freut sich im Urlaub ohne Terminplan nach einer Weile auf sein klar strukturiertes Alltagsleben. Wir sind nicht dazu gemacht, ständig zwischen unendlich vielen Optionen zu wählen. Deshalb ist Freiheit weniger die Freiheit von etwas als jene zu und für etwas. Wir wollen frei sein, um uns freiwillig zu binden. Freiheit ohne Verantwortung und Bindung mag kurz reizvoll sein, auf die Dauer ist sie wie im offenen Meer ausgesetzt sein. Deshalb suchen wir uns Aufgaben, verlieben uns, bekommen Kinder. Wir schaffen uns aus eigener Entscheidung heraus Strukturen und Abhängigkeiten. Wir brauchen sie zum Glück genauso wie die Freiheit, sie selbstbestimmt zu wählen.

Wie schreibt der ostdeutsche Expfarrer Joachim Gauck in *Freiheit. Ein Plädoyer?*

»Es ist vielmehr meine tiefe Überzeugung, dass die Freiheit das Allerwichtigste im Zusammenleben ist und erst Freiheit unserer Gesellschaft Kultur, Substanz und Inhalt verleiht.« Genauso wichtig sei dann aber die Frage, wie man Freiheit gestalten wolle. In diesem Zusammenhang nennt er die Freiheit der Erwachsenen »Verantwortung«: »In unserer Verantwortungsfähigkeit steckt ein Versprechen, das dem Einzelnen wie dieser ganzen Welt gilt: Wir sind nicht zum Scheitern verurteilt.« Wir seien geboren zur Lebensform der Bezogenheit. »Denn geheimnisvollerweise ist das Glück dort, wo wir Bezogenheit leben – selbst in dem unspektakulären Tun des Alltags.«

Freiheit also gibt keine Garantie für Glück und Sinn, aber sie ist eine Voraussetzung dafür.

Glaube

Der Blick auf Kreuzzüge, Inquisition, Misshandlungen in Klöstern oder Terror durch Fundamentalisten lässt zweifeln, ob Religionen insgesamt mehr Glück in die Welt gebracht haben oder mehr Unglück. Aber die Frage stellt sich nicht. Glaube und Religion sind Teil des menschlichen Seins und Erlebens. Sie werden von Kindesbeinen an mitgegeben, sind zutiefst in Riten und Traditionen verankert. Der Umgang mit ihnen ist enorm subjektiv und Ausdruck höchster individueller Freiheit. Deshalb erübrigt sich die Frage, ob sie glücklicher machen oder nicht. Sie gehören zu den meisten von uns wie Haut und Haare. Und eines steht außer Zweifel: Sie geben vielen Menschen Trost, Halt und Hoffnung. Im Übrigen gilt mit Wittgenstein: Worüber man nicht reden kann, darüber sollte man schweigen.

Bildung

Hier ist die Formalbildung gemeint. Also Schule – und nicht Herzensbildung. Jede »gute Mutter« und jeder »gute Vater« sagt, das sei die beste Investition. Abitur müsse sein. Das könne einem niemand nehmen. All das trifft zu, korreliert Bildung doch stark mit ausreichend Geld und befriedigender Arbeit, und über deren Bedeutung für das Glück haben wir in zwei großen Kapiteln nachgedacht.

Nur dürfen wir darüber nicht die vollkommen zufriedene und in sich ruhende Bäuerin mit Hauptschulabschluss vergessen. Und auch nicht den Floristen mit Quali, der ganz in seiner Aufgabe aufgeht, oder den Hausmeister, der seine Tätigkeit liebt und ein Glück sondergleichen ausstrahlt. Oder den Fischer oder den Barmann, die ihre Berufe gegen nichts tauschen möchten. Es gibt zu viele depressive Taxifahrer mit Diplom und ausgebrannte Lehrer, um eindeutig sagen zu können, dass Bildung und Glück unzertrennlich seien. Beide können auch ohne einander, und es hängt wohl sehr stark von den Erwartungen an das eigene Leben und vom Umfeld ab, wie wichtig Bildung für das persönliche Glück ist.

Intelligenz

»Wo nichts ist, kann auch nichts wehtun«, sagen Sarkastiker. Andere drücken es so aus: »Lieber ein glückliches Schwein als ein unglücklicher Philosoph.« Jedenfalls ist offensichtlich: Intelligenz hilft bei der Bewältigung des Lebens, aber sie kann dem Glück sehr abträglich sein. Je mehr wir zu denken in der Lage sind, desto klarer werden uns die Unvollkommenheiten des

Daseins, desto mehr leiden wir unter Ungerechtigkeit, desto deutlicher sehen wir, wohin die Menschheit steuert mit Überschuldung und Zerstörung unserer Welt. Viele sehr kluge Menschen wollen keine Kinder in eine solche Welt setzen. Das spricht nicht gerade von Glücksgefühlen.

Alter

Unsere Zeit feiert die Jugend. In diesem Lebensabschnitt ist noch kein Traum gestorben. Alles scheint möglich. Der Körper ist straff und schön. Die Nächte werden durchgefeiert. Verantwortung gibt es noch wenig. Sex wartet an jeder Ecke.

So weit das Klischee der Werbung, die alles mit strahlend jungen Gesichtern verkauft. Aber bitte verklären wir nicht die früheren Lebensphasen von Pubertät über den Berufseinstieg bis zum ersten Kind! In jedem Alter haben wir ein Packerl Sorgen zu tragen! In jeder Phase warten Unsicherheit und Sorgen. Und laut mancher Studie sind Menschen über sechzig zufriedener und ausgeglichener als jüngere …

Glückliche gibt es unter den Zwanzigjährigen genauso wie unter den Fünfzigjährigen. Und Unglückliche unter Teenies wie unter Rentnern. Es hängt von jedem von uns ab, was wir aus der jeweiligen Altersstufe machen. Jede hat ihre Reize und ihre Probleme. Wir entscheiden, worauf wir fokussieren. Leben ist eine Ausmalvorlage.

> **DAS GLÜCK KOMMT OFT DURCH EINE TÜR, VON DER MAN NICHT WUSSTE, DASS MAN SIE OFFEN GELASSEN HAT.**
> JOHN BARRYMORE

Aussehen

Fernsehen und Zeitschriften sind voll von gut aussehenden Menschen. Ihnen wird das Glück offensichtlich in den Schoß gelegt, es scheint ihnen ähnlich zuzulachen wie sie ihren Mitmenschen, die ihnen deshalb auch jeden erdenklichen Gefallen tun. Dem ist nicht so. Wir brauchen gar nicht verkokste Topmodels zu bemühen, die zwar jeden Mann bekommen könnten, aber innerlich leer und zum Abwinken verwöhnt durchs Leben staksen. Nein, denken wir an die Schule zurück. Am glücklichsten und beliebtesten waren damals nicht unbedingt die Attraktivsten, sondern eher die Lustigsten, Sportlichsten und Kumpelhaftesten. Umwerfendes Aussehen kann isolieren. Zwar schauen einen alle an, doch man ist auch schnell exotisch, anders und beunruhigend. Und löst Eifersucht aus.

Damit soll natürlich nicht gesagt sein, dass Hässlichkeit beglückend sei. Wer zu sehr aus dem Rahmen fällt, leidet zumeist, da er sich als Außenseiter fühlt. Die Reaktion der Gruppe ist dabei wohl wichtiger als die Ästhetik selbst. Aber auch hier gibt es Ausnahmen zuhauf: Menschen, die aus ihrem schrägen Aussehen das Beste machen, damit andere beeindrucken und einfach jede Ecke ihres noch so unattraktiven Körpers mit Persönlichkeit und Lebenslust füllen.

Von daher sind Attraktivität und Glück zwar oft in einem Raum, aber weiß Gott nicht immer. Manche Schönheit ärgert sich, dass sie in ihren beruflichen oder intellektuellen Ambitionen nicht ernst genommen wird. Und da sich jeder Mensch andere Vergleichsebenen sucht, sind auch Cindy Crawford, Heidi Klum, Claudia Schiffer oder Christy Turlington mit irgendetwas an sich unzufrieden – ganz abgesehen davon, dass selbst Göttinnen altern ...

Also machen wir das Beste aus uns, pflegen uns gut und suchen uns unser Glück! Liebe macht schön! Schönheit liegt im Auge des Betrachters! Und ab dreißig ist angeblich jeder ohnehin für sein Äußeres verantwortlich.

Abwechslung

Die ist glücksbestimmend – und wie! Schon Paracelsus meinte: »Die Dosis macht das Gift.« Und wie recht er hatte. Die ersten Tage am Strand oder auf dem Liegestuhl genießen wir das Nichtstun. Doch dann kriechen Langeweile und Unausgefülltsein in Hirn und Herz, und wir sehnen uns nach Herausforderung und Aufgabe. Die ersten Löffel Schokoeis machen uns glücklich, aber wie schnell kippt das um in Übersättigung und Überdruss. Honeymoon ist etwas Herrliches, nur wollen wir uns irgendwann nicht bloß ansehen, sondern gemeinsam Hand in Hand durchs Leben gehen. Ein oder zwei Glas Wein sind wunderbar, aber irgendwann wird aus Glücksgefühl Taumel und Kater.

Wer nach Kalifornien auswandert, um immer blauen Himmel zu haben, vermisst nach spätestens einem Jahr die Jahreszeiten mit ihren Reizen und Unterschieden. Wer auf eine Insel flieht, um sich keinen Wecker stellen zu müssen und jeden Mittag in der Taverne sitzen zu können, wird sich noch schneller nach Arbeit und Tagesstruktur sehnen. Wir Menschen lieben die Abwechslung und die richtige Menge. Glück mag auch im immer Gleichen und in der Überdosis vorkommen, aber selten.

Aus
Langenscheidts Leben

>> *Ein Leben ohne »Freiheit« ist für mich wie eines ohne Sonne. Ich kann nicht ohne. Meine Partnerin, meine Freunde, mein Zuhause, meine Berufe, meine Überzeugungen – ich könnte mir nicht vorstellen, sie nicht selbstbestimmt und frei zu wählen. Natürlich in Verantwortung und mit einer Fülle von freiwilligen Bindungen – aber eben aus meinem eigenen Verantwortungsgefühl heraus und aus freiem Willen.*

Ich gebe zu – und komme mir angesichts des unbeschreiblichen Mutes vieler Freiheitskämpfer in der Welt fast klein und schlecht vor –, ich hatte immer alle Freiheit. Und wenn ich sie mir nicht nahm, war es meine eigene Schuld. Ich bin enorm privilegiert, indem ich mein ganzes Leben in stabilen Demokratien ohne Repressionen leben durfte.

Das darf auf gar keinen Fall dazu führen, Freiheit als selbstverständlich anzunehmen. Sie ist es nicht – und ist schneller weg, als man denken kann. Deswegen haben gerade jene, die das Privileg der Freiheit genießen dürfen, die Verpflichtung, für sie zu kämpfen. Mathias Döpfner hat mit »Die Freiheitsfalle« ein beeindruckendes Plädoyer dafür geschrieben, das ich Zeile für Zeile unterschreiben kann.

»Glaube« war für mich in der Pubertät von zentraler Bedeutung. Ich war im CVJM Leiter von Gebetsgruppen und Bibelfreizeiten, war für christlich geprägte Jugendlager in den Alpen mitverantwortlich und hielt Predigten auf dem Marienplatz in München. Es war eine Suche – nach Gott, nach einem Mehr an Sinn in unserer Existenz, nach einem Ansprechpartner für die wesentlichen Fragen des Lebens. Mal fand ich all das, mal auch gar nicht und

zweifelte an allem. Aber ich wollte gerne glauben, dass da mehr sei als nur unser Leben.

Dann zerstritt ich mich mit den Granden des CVJM über den Umgang mit Mädchen und verließ die Organisation, die mein spirituelles Wachstum sehr geprägt hatte, in Unfrieden. Im Philosophiestudium beschäftigten mich Fragen nach dem Sinn, nach der Schönheit, nach Werten und Moral, nach Wahrheit – und die Frage des Glaubens verlor an Bedeutung.

Heute sind zentrale Glaubensinhalte in meinem Leben auf ihre Weise präsent: Immer wieder höre ich von Geistlichen, dass meine Bücher und Reden eigentlich all das beinhalten, was sie zu vermitteln suchen – nur ohne die Nennung von Gott und Jesus Christus.

Na, wenn man Abitur gemacht und drei Studiengänge absolviert hat, kann einem »Bildung« nicht egal sein. Ich möchte gern alles wissen und bin an sehr vielen Lebensbereichen interessiert. Die Möglichkeit zu lernen ist in meinen Augen eines der schönsten Geschenke des Lebens.

Aber ich kenne auch wunderbare Menschen ohne große Formalbildung, deren Weisheit, Humor und Herzenswärme das mehr als ausgleichen. Deshalb ist mir jeder Dünkel fremd.

Beim Thema »Intelligenz« muss ich da eher aufpassen. Denn Dummheit macht mich fertig und zudem schnell wütend. Wann immer ich so empfinde, höre ich jedoch zum Glück in mir die Stimme meiner Mutter, die mir immer wieder sagte, das Herz sei wichtiger als das Hirn. Sie hat recht.

»Alter« ist mir relativ egal. Ich leide nicht an meinen Geburtstagen. Denn eines ist mir sonnenklar: Heute bin ich glücklicher *als in vielen Lebensphasen vorher. Ich beneide keinen, der sich selbst, seinen Beruf und seinen Partner noch finden muss. Der nicht weiß, wohin er gehört. Ich helfe gerne bei diesem spannenden Prozess, bin aber ganz froh, ihn selbst hinter mir zu haben.*

Beim »Aussehen« habe ich eine spannende Geschichte hinter mir. Als Kind wuschelten mir alle Erwachsenen durchs Haar und nannten mich Igel, weil meine Haare dazu reizten. Zur Konfirmation bekam ich allerdings einen Scheitel verpasst. Ohne genau zu wissen, was ein Buchhalter ist, ahnte ich, dass ich wie einer aussah.

Dann kam die Akne der Pubertät und schlug erbarmungslos zu. Ich litt wie ein Hund.

Dazu gesellten sich Astigmatismus und Kurzsichtigkeit, gegen die damals nur dicke Brillengläser halfen. Sie steckten in einem klobigen Gestell aus gelblichem Kunststoff.

Ich fand mich hässlich, hässlich, hässlich und versteckte mein Leiden darüber und auch meine Unsicherheit hinter einer intellektuellen Arroganz, die mich nicht gerade sympathisch machte. Nietzsche, Kant und Kafka statt Party, Musik und Knutschen.

Das dauerte lange und machte mich bei Mädchen zum Spätzünder. Sehr-spät-Zünder. Aber immerhin: Kurz vor dem Abitur bekam ich plötzlich Locken und fing an, meine Haare zu mögen. Die Akne ging weg. Nicht dass ich objektiv mit dem Solschenizynbart des Philosophiestudenten besser aussah, doch ich fühlte mich besser.

Seitdem ging es ein wenig aufwärts.

Heute bin ich mit meinem Äußeren versöhnt und erschrecke nicht mehr, wenn ich mich auf Fotos sehe. Diese Versöhnung war wichtig für mein Glück.

»Abwechslung« ist für mich von größter Bedeutung. Ich langweile mich schnell. Wenn ich etwas kann und mich darin sicher fühle, will ich es nicht ewig machen, sondern schnell Neues lernen. Meine berufliche Laufbahn (vgl. »Macht Arbeit glücklich?«) spricht diesbezüglich Bände. Nur das Thema Glück beschäftigt mich schon das ganze Leben lang ...«

Wenn Sie wieder mal am Leben verzweifeln, denken Sie an
... HEINRICH POPOW

Er ist gerade mal neun Jahre alt, als ihm wegen einer Krebserkrankung ein Bein abgenommen werden muss. Doch er beißt sich durch, wird ein charmanter und kluger Mann und vor allem ein Topsportler, der jahrelang die Weltspitze beherrscht. Bei den Paralympics erringt er im Hundert-Meter-Sprint 2004 in Athen Bronze, 2008 in Peking Silber und 2012 in London Gold. Auf die Frage, ob er die Beinprothese abgeben würde, falls die Medizin ihm wieder ein richtiges Bein schenken könnte, antwortet er ohne Zögern: »Nein.« Die Prothese sei ein Teil von ihm geworden. Seinen Optimismus fasst Popow in einem einzigen Satz zusammen: »Nimm deine Herausforderung an!«

Die dunkle Seite des Glücks

GLÜCK IST LEIDER UNGERECHT. EXTREM UNGERECHT.
Es gibt Situationen, da scheint einen das Schicksal unwiderruflich unter Wasser zu drücken. Die Sonne geht für immer unter. Und allen Nahestehenden schnürt es die Gurgel zu. Zungenkrebs, die Diagnose »Unheilbar!« für den Menschen, den man seit vierzig Jahren liebt, der Freitod eines Kindes, der Verlust der Liebsten durch Flugzeugabsturz – in bestimmten Momenten hilft kein Trost. Jeder, der über Glück schreibt und nur ein wenig Lebenserfahrung hat, weiß, dass vieles dann nicht anders als hohl oder zynisch klingen kann.

Trotzdem trifft all das bisher Geschriebene zu, da solch ausweglose Momente endgültiger Verzweiflung zwar leider zum Leben gehören, es aber zum Glück nicht ausmachen. Deshalb dürfen wir sie nicht verdrängen, ihnen aber auch keinen zu starken Einfluss auf unser Verhältnis zum Geschenk der bewussten Existenz, unserem Leben, einräumen.

Immer wieder – einige der Kurzporträts »Wenn Sie mal wieder am Leben verzweifeln, denken Sie an …« legen beredtes Zeugnis davon ab – überrascht uns in solchen Situationen das Schicksal durch eigenartige Volten, die dann doch ein Weiterleben in Würde und kleinem oder sogar großem Glück ermöglichen. An Wunder mag man nicht glauben, aber es gibt sie. Dann blitzt sie mit aller Macht auf, die Fähigkeit des Menschen zum Trotzdem und zum Jetzt-erst-recht. Jeder Jugendliche, der zum ersten Mal zu einer Beerdigung geht, ist überrascht und fast ein wenig schockiert darüber, wie schnell die tiefe Trauer in banale Gespräche und Lachen beim Leichenschmaus übergeht.

Wenn Licht und Luft schwinden, bleibt nichts als die dankbare Erinnerung an das Schöne und die Liebe. Leben ist ein Geschenk, von ich weiß nicht wem an jemanden, den es vorher nicht gab und ohne dieses Geschenk auch nicht geben würde. Es blüht auf, stärker oder schwächer, kürzer oder länger, und wird wieder genommen. Über das, was danach kommt, wissen wir nur eines unverbrüchlich: dass die von uns Gegangenen in unseren Herzen und unserer Liebe weiterleben.

Ich verstehe nicht, warum es in Situationen dauerhafter Hoffnungslosigkeit nicht legitim sein soll, freiwillig und ohne Druck von außen einige Pillen zu schlucken und diese Situation damit zu beenden. Diese Freiheit ist meines Erachtens Ausdruck individueller Würde, die uns niemand nehmen darf. Warum soll es einem souverän entscheidenden Menschen nicht erlaubt sein, in freier und wohlüberlegter Entscheidung auf menschliche Weise die Tür des Lebens für sich leise zu schließen? »Menschlich« heißt hier: ohne große weitere Qualen und Risiken für den Betroffenen, zugänglich für jeden unabhängig von physischer Stärke oder Schwäche und so wenig belastend wie möglich für die Angehörigen und für jene Menschen, die einen nach dem Schritt auffinden mögen.

Ich persönlich bekenne hier, dass ich diese Möglichkeit gern hätte, wann immer ich diesen Schritt gehen möchte. Ich würde viel dafür geben. Es ist die andere, die dunkle Seite des Glücks.

Unser ganzes Leben lang legen wir Wert auf Selbstbestimmung und Freiheit – natürlich eingebettet in Verantwortung für andere und Pflichten, die wir erfüllen wollen oder müssen. Das Verantwortungsgefühl wird auch in einem solch traurigen Moment deutlich zu uns sprechen, aber deswegen müssen wir doch nicht alle

> »DER TOD IST MÖGLICHERWEISE DIE BESTE ERFINDUNG DES LEBENS.«
> STEVE JOBS

Freiheit aufgeben. Wer sonst kann beurteilen, ob mein Leben noch lebenswert ist, wenn nicht ich selbst?

In Ländern wie der Schweiz oder den Niederlanden denkt man eher in diese Richtung als in Deutschland, wo vor nicht zu langer Zeit verblendete Rassisten meinten entscheiden zu können, welches Leben lebenswert sei. Doch hier und heute geht es nur um die persönliche Freiheit einer autonomen Entscheidung über mein Leben! Der Staat hat mir das Leben nicht geschenkt, er hat also auch nicht zu entscheiden, wie lange ich lebe.

Das große allgemeine Problem nur ist dabei, dass diese Autonomie eingeschränkt werden könnte. Durch Krankenversicherungen, die möglicherweise Prämien zahlen für einen Freitod, der sie von gewaltigen Kosten über Jahre entlasten könnte. Durch Angehörige, die es leid sind, jemanden jahrelang zu pflegen. Durch Unternehmen, die von langjährigen Rentenverpflichtungen loskämen.

Solcher Druck ist natürlich genauso wenig mit meiner Vorstellung von Glück vereinbar wie der Gedanke, dass jemand gegen seinen erklärten Willen am Leben bleiben muss. Wir brauchen in Gesetzgebung und Strafverfolgung jede Anstrengung, um Bollwerke gegen jeden solchen Beeinflussungsversuch zu errichten, der jemanden zu etwas motivieren soll, das er nicht wirklich will. Das Strafgesetzbuch müsste zu diesem

Zweck verschärft und jeder geringste Versuch staatsanwaltlich schon wie eine Vorstufe zum Mord verfolgt werden. Da gibt es kein Vertun und keine Toleranz.

Genauso klar ist, dass medizinisch wie menschlich alles Erdenkliche zu unternehmen ist, um Situationen der Hoffnungslosigkeit zu vermeiden oder zu lindern. Nur geht das leider nicht immer.

Denken wir an all die Menschen, die ein glückliches und erfülltes Leben hatten und am Ende desselben bloß noch darben und vor sich dahinvegetieren. Geben wir ihnen die Chance, sich in Freiheit und Würde zu verabschieden. Es ist unmenschlich, wenn ein Leben, das einst voll und schön war, traurig, schmerzvoll und einsam endet. Es wird vielleicht länger, aber sicher nicht schöner.

P.S.: Wir sollten uns meines Erachtens aus all diesen Gründen auch vom Begriff »Selbstmord« trennen und ihn durch »Freitod« ersetzen.

Aus
Langenscheidts Leben

>> *Der Mann, den ich über Jahrzehnte kannte und schätzte, war ein Bild von einem Mann. Wache, aufblitzende Augen, volles, schönes Haar, ein von Leistungssport gestählter Körper, pronocierte Nase, sinnliche Lippen, aufrechte und schlanke Statur, elegante und eigenwillige Kleidung. Er war mit einer wachen Intelligenz gesegnet, hatte Mathematik studiert, besaß Sprachwitz und Charme wie kein anderer. Er liebte das Leben, die Frauen, das Abenteuer, seine zahlreichen Freunde. Er war der kreativste und großzügigste Gastgeber der Welt, hatte unzählige Häuser und Residenzen. Ach ja, reich war er auch und konnte sogar umge-*

DIE DUNKLE SEITE DES GLÜCKS

hen mit seinem Geld. Er sah es als Schlüssel zu schöneren Welten, als Ermöglicher von ungeahnten Reisen und Einladungen.

Er liebte schnelle Boote, siegte in Cresta-, Bob- und Skirennen. Er fuhr Motorrad und brillierte auf dem Tennisplatz. Er gewann Zaubermeisterschaften und knackte manches Casino.

Er machte Orte zu Legenden, die noch nach Jahrzehnten vom Mythos seiner prägenden Anwesenheit zehrten. Er war ein brillanter Unternehmer und Verhandler. Er besaß ein grandioses Gespür für Kunst und baute Sammlungen auf, deren Wert und Charisma die Fachwelt blass werden ließ.

Er war Clubpräsident und Philanthrop, leidenschaftlicher Vater und warmherziges Familientier, Förderer der Wissenschaft und Filmemacher. Seine Fotos, von Freude an neuen Techniken ebenso geprägt wie von untrüglichem Gefühl für Ästhetik und Geschmack, beeinflussten die Sichtweise einer ganzen Generation auf die weibliche Schönheit.

Mehr Talent, Vielseitigkeit, Neugier und Leidenschaft sind nicht vorstellbar. Mehr Lebenslust geht nicht. Wie unzählige andere habe ich den Mann geschätzt und verehrt, habe ihm innerlich gedankt dafür, dass er uns zeigte, was alles möglich war in der uns vergönnten Lebenszeit.

Und doch erreichte mich beim Mittagessen an der Alster in Hamburg die Nachricht von seinem Freitod. Sie kam aus dem Nichts wie ein dunkler, schwerer Schlag in den Unterbauch. Sie schien unglaublich, war der Mann doch die Inkarnation des gelungenen Lebens, wie es kaum jemandem sonst gegönnt ist.

Ich habe ihn verstanden. Er litt mit seinen fast achtzig Jahren am Älterwerden. Manches funktioniert nicht mehr so, wie man es sich von sich erwartet, die Kreativität lässt nach, Sorgen um schwere Krankheiten tauchen auf, viele geschätzte Menschen sind nicht mehr, das Gedächtnis wird schlechter, und die positive Grund-

einstellung anderen Menschen gegenüber wird überschattet von Misstrauen und sogar Neid. Der souveräne Held steigt vom Olymp, die Ausnahmeerscheinung wird zum normalen Menschen.

Soll all das rückwirkend ein ganzes grandioses Leben am Ende zerfressen? Wem zuliebe sollte der Mann mit all seiner Wachheit zusehen, wie die Mauern höher und das Licht schlechter würden? Er hatte weiß Gott unendlich viel für Familie, Freunde und Bedürftige getan und damit das Recht, nun an sich selbst zu denken und sich mit Mut und Entschlossenheit zu verabschieden.

Sein Vater hatte das Gleiche getan – so etwas prägt. Leben und Tod gehören zusammen wie Tag und Nacht. Eines ist ohne das andere nicht zu denken.

Das hatte er schon früh gespürt – in der leidenschaftlichen Liebe. Mit einer schönen Frau an Bord fuhr er mit Vollgas und festgezurrtem Ruder in das Dunkel des Mittelmeeres. Jederzeit hätten sie an einer Klippe zerschellen können. Vielleicht ersehnten sie das sogar. Mourir d'amour. Der Mann starb Jahrzehnte später dann wirklich – an der Liebe zum Leben, wie er es sich vorstellte. ❮❮

EXTREMSPORTLER UND UNTERNEHMER JOCHEN SCHWEIZER
... über das Glück

Menschen, die ihre individuelle Angst besiegen wollen, empfehle ich einen Bungee- oder Fallschirmsprung. Dabei wird der Mensch mit einer Urangst konfrontiert. Diese Urangst ist tief in uns, sie ist ein natürlicher Schutzmechanismus. Es kostet Kraft und Energie, diese Urangst zu besiegen. Wenn man aber nach dem Sprung wieder auf dem Boden steht, mit angespitzten Nervenenden, den Flashback des Falls in jeder Ader des Körpers spürt und nach oben schaut auf die gewaltige Höhe, empfindet man pures Glück.

Ich suche immer nach besonderen Augenblicken. Es macht mir Freude, andere Menschen daran teilhaben zu lassen, ihnen Dinge zu ermöglichen, die ich selbst erlebt habe. Ich glaube, dass Vernunft im kognitiven Sinne, damit meine ich das, was in der Gesellschaft als vernünftig bezeichnet wird, einem die Freiheit nimmt. Man muss manchmal unvernünftig sein. Es lohnt sich, die Unsicherheit zu wählen. Nur darin liegt die Chance. Wer immer nur nach Sicherheit strebt, wird nicht sehr hoch fliegen, kann aber auch nicht abstürzen.

Wer etwas riskiert, der kann verlieren. Wer nichts riskiert, verliert garantiert.

Auf dem Sterbebett ist es zu spät: Mut zum Glück!

ES ERFORDERT MUT, KLARHEIT UND ENTSCHIEDENHEIT, das eigene Leben als Möglichkeit zum Glück zu leben ohne Blick auf Vergangenes oder anderes oder Unerreichbares. Das ist der Schlüssel. Genau in sich hineinhören, was man will. Und das dann tun, unbeirrbar und konsequent, soweit eben möglich. Den Willen zum Glück ernst nehmen, es an den Hörnern packen. Sich sein ureigenes Leben zusammenzimmern und sich dann voller Wohlbefinden darin einrichten.

Querschläger, die sich nicht beeinflussen lassen, kommen schnell genug geflogen. Knüppel, die man nicht voraussieht, werden einem ausreichend vom Leben zwischen die Beine geworfen. Also sollte man wenigstens, was man selbst in der Hand hat, so gestalten, dass es stimmt. Dass man es genau so und nicht anders mag.

Tanzen mit dem Schicksal.

Es gibt so unendlich viele Menschen, die lebenslang signalisieren: »Eigentlich würde ich ein ganz anderes Leben haben wollen und hätte es auch verdient.« Eckart von Hirschhausen nennt sie die AHIGs: »Ach hätt ich's doch getan!« Nach dem Motto »Mit dreißig gestorben, mit siebzig begraben«. Klar, was jetzt als Argument kommt: Die Umstände sind halt so. Stimmt. Aber nicht immer. Und wenn man genau in die Leben der Klagenden sieht, stellt man mit Freude und Erschrecken zugleich fest, wie vieles sich ändern ließe. Wenn man nur wollen würde. Und wenn man den Mut hätte.

Eine der schönsten und bekanntesten Weisheiten dazu: »Gib mir die Kraft, Dinge zu verändern, die ich ändern kann. Gib mir die Gelassenheit, Dinge hinzunehmen, die ich nicht ändern kann. Und gib mir die Weisheit, zwischen beidem zu unterscheiden.«

Das bedeutet Anstrengung und Mut. Aber der Lohn ist nichts Geringeres als mehr Glück.

Es passiert so schnell, dass aus der leuchtenden Euphorie des Kindes die schale Anpassung des Erwachsenen wird. Wir richten uns so schnell ein im vermeintlich Notwendigen. Wir behaupten so unüberlegt, dass etwas nicht zu ändern sei.

Ödön von Horvath formulierte: »Eigentlich bin ich ganz anders, nur komme ich so selten dazu.«

Seien Sie ganz anders! Springen Sie! Nach einer großen Studie erweisen sich zweiundneunzig Prozent aller Sorgen rückwirkend als unbegründet.

Das betrifft alle Lebensbereiche: das Liebesgeständnis, den Berufswechsel, das ehrliche Wort zum Kollegen, die Aussprache mit den Eltern, den Widerspruch gegen das als ungerecht Empfundene, die Parteinahme für einen Schwachen.

Loriot hat es mit dem Semmelsyndrom so schön in den Frühstücksalltag geholt. Am Anfang der Beziehung fragt der Mann die Frau, ob sie lieber die obere oder die untere Brötchenhälfte wolle. Sie sagt aus Höflichkeit und Liebe »die untere«, weil sie glaubt, er bevorzuge die obere. Dem ist gar nicht so. Aber sie setzen die Aufteilung über die Jahre fort, bis keiner sich mehr traut, die Wahrheit zu sagen, nachdem man es jetzt so lange so gemacht hat.

Das Leben vieler ist leider eine Ansammlung von Semmelsyndromen. Es fehlt einfach der Mut, den Knoten zu durchschlagen und zu sagen, was man wirklich will. So schleifen sich die Mechanismen ein, und keiner ist wirklich glücklich dabei. Lebenslang die falsche Semmelhälfte. Irgendwann sieht man es an den Linien um den Mund und sogar an der Körperhaltung.

Bronnie Ware war viele Jahre lang Krankenschwester in der Palliativmedizin und -pflege. Das ist jener traurige Teil der Medizin, in dem man den baldigen Tod der Patienten leider als gegeben annehmen muss und sich nur noch darum bemüht, ihr Sterben möglichst schmerzfrei und würdig zu gestalten. In einem Buch fasst sie die fünf Wünsche an die Vergangenheit zusammen, die sie am häufigsten von den Sterbenden gehört hat:

1. Ich wünschte, ich hätte mehr Mut aufgebracht, ein Leben getreu meiner selbst zu führen, anstatt eines, das andere von mir erwarteten.
2. Ich wünschte, ich hätte nicht so viel gearbeitet.
3. Ich wünschte, ich hätte den Mut gehabt, mehr von meinen Gefühlen zu zeigen.
4. Ich wünschte, ich wäre mehr mit meinen Freunden in Kontakt geblieben.
5. Ich wünschte, ich hätte mich glücklicher sein lassen.

Auf dem Sterbebett ist es zu spät. Wünsche, die eigentlich erfüllbar waren, sind zu unerfüllbaren geworden.

Wer sich nicht traut, das Erträumte auszuprobieren, wird es nicht kennenlernen. Und das Leben, das er trotz anderer Wünsche und Vorstellungen lebt, wird im Schatten liegen. Da er immer wieder heimlich dorthin schielt, wo seine Sonne scheint.

Also hingehen, ausprobieren, merken, dass es auch dort nicht nur eitel Sonnenschein gibt! Aber es gelebt haben. Und dann irgendwann mit innerem Frieden sterben können.

Und dabei geht es nicht einmal um jenen Mut, der Leben kosten kann. Wie im Krieg oder wenn jemand voller Zivilcourage sein Leben im Kampf für etwas Wichtiges aufs Spiel setzt. Beim Mut, glücklich und selbstbestimmt zu leben, geht es auch um Leben: das, dessen Glanz ich aufs Spiel setze, wenn ich nicht mutig bin.

Woher die Angst vor dem Glück? Ernst Fritz-Schubert, der Schuldirektor, der als Erster Glück auf den Lehrplan setzte, hat dazu ein sehr eindrückliches Buch geschrieben. *Glück kann man lernen. Was Kinder stark fürs Leben macht.* Er weist gleich zu Anfang darauf hin, was die meisten Eltern auf die Frage antworten, was sie sich für ihr Kind wünschen. »Wir wünschen uns nichts sehnlicher, als dass unser Kind glücklich wird.« In der konkreten Erziehung tun sie und auch die Lehrer und Lehrerinnen aber nicht wirklich viel für die Erfüllung dieses Wunsches. Denn wollen wir Kinder dazu erziehen, den Mut zum Glück zu haben, müssen wir ihnen den Glauben an sich selbst mitgeben. Wir müssen sie Hindernisse überwinden lassen, müssen ihre Bedürfnisse und Sorgen ernst nehmen, müssen sie mit sich selbst in Einklang kommen lassen. Und vor allem ihre Stärken stärken.

WEGE ENTSTEHEN, INDEM MAN SIE GEHT.

Wer einmal selbstbewusst auf der Suche nach seinem ureigenen Glück durchs Leben gehen soll, darf nicht ständig Fehler und den Rotstift fürchten und ihn irgendwann selber an sich selbst anwenden. Sondern sollte lernen, was er besonders gut kann. Wo er aufleuchtet und ganz bei sich selbst ist. Wo er fliegt.

Findet er das, lebt und entwickelt es, erfordert es kaum mehr Mut, glücklich zu sein.

Aus Langenscheidts Leben

» *Ich versuche zwar anders zu sein und arbeite hart daran. Aber in meinem tiefsten Inneren bin ich wie die meisten anderen: Ich mache mir Sorgen. Überlege, was alles schiefgehen kann.*

Am stärksten habe ich das bei einer der wichtigsten Entscheidungen meines Lebens gespürt. Ich war über zwanzig Jahre verheiratet. Glücklich, in einem Traumhaus, mit herrlichen Urlauben und Reisen, vielbeschäftigt, viel unterwegs. Mit vielen gemeinsamen Freunden und schönen Festen. Von meiner Frau mit zwei Söhnen beschenkt, die ich über alles liebe und für die ich jederzeit alles tun würde.

Dann verliebte ich mich. Und wie! In die Frau, über die ich in »Liebe ist noch ein paar Augen« schreibe. Was tun? Auf der einen Seite des Lebens die Kontinuität, das Vertrauen, das Zuhause, die Jungs, die Gewohnheit, die Nähe, die Dankbarkeit. Auf der anderen das Abenteuer, das Prickeln, die Versuchung, die Spontaneität, die Ergänzung aus dem Himmel, die Seelenverwandtschaft, die nächtelangen Gespräche.

Ich konnte monatelang nicht einmal mit jemandem darüber reden. Es war unendlich schön – und schwierig zugleich.

Was konnte nicht alles schiefgehen, was würde nicht alles Schreckliches passieren?

Ich würde meine Frau verletzen. Freundschaften würden zerbrechen. Wie würde meine eigene Familie damit umgehen? Wie meine Söhne?

Ich hatte keine Wahl. Ich tat es und sprang. Redete und redete und redete. Erklärte, warum.

So viele hatten meine Ehe immer als großartig und besonders angesehen, und jetzt ginge ich ein solches Risiko ein? Sei mein Geist nicht in meine Hose gerutscht? Wie lange würde meine Verliebtheit andauern? Was würde ich alles zerbrechen? Würde ich nach der Rosa-Brillen-Phase nicht erwachen und merken, was mir alles fehlen würde?

Ich erzählte, was mein Herz mir sagte. Ich sagte, ich hätte meine andere Hälfte gefunden. Es gäbe keinen Grund, schlecht zu reden über mein Leben bisher, aber ich könne nicht ungeschehen machen, was in mir passiert sei. Gefühle ließen sich nicht wegdrücken.

Die meisten verstanden es und hatten selbst schon Ähnliches erlebt. Manche waren neidisch.

Egal, ich musste und wollte den Weg gehen.

Dann wurden wir schwanger. Nicht nur einmal, sondern gleich doppelt. Eine kleine Bonustochter, die ich sofort für immer in mein Herz geschlossen hatte und die mich schnell als Papa erkor, hatte meine große Liebe ohnehin schon mitgebracht.

Und wieder ging, bei aller Freude, die Waschmaschine der Sorgen an. Wäre ich zu alt als Vater? Wie sähen meine Söhne ihre neuen kleinen Schwestern? Nur eine Stunde im Internet über Risiken von Zwillingsschwangerschaften gelesen – und man geht auf dem Zahnfleisch. Alles kann schiefgehen. Man denke nur an Nabelschnüre, die sich um Hälse winden, oder dass eine der beiden Schwestern zu schwach sein könnte zum Leben. Und hinzu trat nach einigen Wochen ein kleiner Herzfehler bei einem der beiden ungeborenen Mädels, der alles Mögliche bedeuten konnte ...

Die Schwangerschaft war weiß Gott nicht einfach. Es gab wohl kaum eine Beschwerde, die wir nicht zu bewältigen hatten. Gegen Ende konnte sich Miriam nicht mehr allein umdrehen. Dreißig Kilogramm zusätzliches Gewicht sind zu viel für eine sehr schlanke und große Frau.

Wir schafften alles. Keines der Risiken trat ein. Innerhalb von zwei Minuten wurden auf natürliche Weise zwei hinreißende kleine Mädels geboren. Ich selbst wollte eigentlich nicht so stark dabei involviert sein – aber war es dann doch, nachdem alles so schnell ging, und werde den Moment nie vergessen. Zwei Geschenke des Himmels. Und nichts ist schöner, als Vater von fünf Kindern zu sein. Keines von ihnen möchte ich missen, jedes ist einzigartig und mir von größter Bedeutung.

Die Söhne haben verstanden und gehen reif und souverän mit allem um. Ein besseres Vater-Sohn-Verhältnis kann ich mir kaum vorstellen. Wir reisen zueinander. Wir sitzen Abende lang zusammen und reden über alles.

Ich weiß, andere haben ganz andere Mutproben zu bestehen. Und kleinere warten an jeder Ecke. Ich habe gelernt, dass es sich lohnt zu springen. Dass das Steigen auf den Sprungturm viel mehr Angst mit sich bringt als der Sprung selbst. Dass man irgendwie schon immer ankommt. Und dass Mut belohnt wird. ❮❮

Wenn Sie mal wieder am Leben verzweifeln, denken Sie an
... BORIS GRUNDL

Sunnyboy, Topsportler – so charakterisierten ihn alle, als er Anfang zwanzig war. Dann passierte es bei einem Sprung vom Felsen in Mexiko. Es war sein letzter Sprung von einer Klippe: Er brach sich einen Halswirbel, war danach zu neunzig Prozent gelähmt und kaum mehr bewegungsfähig. Was folgte, waren Rehas, Sozialhilfe, eine ungewisse Zukunft. Doch Boris wollte und konnte sein Ende als Mann und selbstständiger Mensch nicht akzeptieren. Er wollte unabhängig in einer Wohnung wohnen und Frau und Beruf finden. Die Anstrengung war titanisch, ging doch kaum noch etwas an seinem Körper. Aber Boris Grundl hat das Unmögliche geschafft.

Heute kann er – nicht nur in finanzieller Hinsicht – in Unabhängigkeit leben. Sein Buch *Steh auf!* liegt auf den Nachttischen vieler großer Persönlichkeiten. Er ist gefragter Redner und Autor, wenn es um Führung und das Entwickeln von Menschen geht. Ach, verheiratet ist er auch, Kinder hat er und eine einzigartige Ausstrahlung von innerer Stärke und Souveränität, ganz egal, wo er in seinem Rollstuhl auftaucht.

Vertiefen

Mitch Albom: Dienstags bei Morrie (Goldmann)
Sabine Asgodom/Siegfried Rückert: Das Glück der Pellkartoffel. Vom Luxus der Zufriedenheit (Kösel)
Werner Bartens: Glücksmedizin (Droemer)
Tal Ben-Sahar: Glücklicher (Riemann)
Leo Bormans (Hrsg.): Glück (DuMont)
Oscar Brenifier: Glück – Was ist das? (Boje)
Dale Carnegie: Sorge Dich nicht – lebe! (Scherz)
Paulo Coelho: Der Alchimist (Diogenes)
Johannes Czwalina/Clemens Brandstetter: Vom Glück zu arbeiten (Frankfurter Allgemeine Buch)
Mathias Döpfner: Die Freiheitsfalle (Propyläen)
Rike Drust: Muttergefühle. Gesamtausgabe (C. Bertelsmann)
Barbara Ehrenreich: Smile or Die (Antje Kunstmann)
Peter Fischli & David Weiss: Findet mich das Glück? (Walther König)
Viktor E. Frankl: Der Mensch vor der Frage nach dem Sinn (Piper)
–: ... trotzdem Ja zum Leben sagen (Kösel)

Ernst Fritz-Schubert: Glück kann man lernen (Ullstein)
–: Schulfach Glück (Herder)
Joachim Gauck: Freiheit (Kösel)
Hermann Geesing: Immun-Training (Herbig)
GEO Wissen Nr. 47: Glück, Zufriedenheit, Souveränität
Carol Graham: Happiness Around the World. The Paradox of Happy Peasants and Miserable Millionaires (Oxford)
Dietrich Grönemeyer: Lebe mit Herz und Seele (Herder)
Boris Grundl: Steh auf! (Econ)
Beate Hentschel/Gisela Staupe (Hrsg.): Glück – welches Glück (Hanser)
Eckart von Hirschhausen: Glück kommt selten allein (Rowohlt)
Gertrud Höhler: Das Glück (Goldmann)
Winfried Hönes: Was ist Glück …? (DuMont)
Evelyn Horst/Eva Gerberding: Wer sagt, dass Kinder glücklich machen? (Südwest)
Matthias Horx: Anleitung zum Zukunfts-Optimismus (Campus)
Stefan Klein: Die Glücksformel (Rowohlt)
Dalai Lama: So einfach ist das Glück (Herder)
Florian Langenscheidt: 1000 Glücksmomente (Heyne)
–: Glück mit Kindern (Heyne)
–: Motto meines Lebens (Heyne)
–: Wörterbuch des Optimisten (Heyne)
Florian & Gabriele Langenscheidt: Sternschnuppenwünsche (Heyne)
Richard Layard: Die glückliche Gesellschaft (Campus)
Ludwig Marcuse: Philosophie des Glücks (Diogenes)
Sascha Michel (Hrsg.): Glück – Ein philosophischer Streifzug (Fischer)

Barbara Pachl-Eberhart: vier minus drei (Integral)
John C. Parkin: Fuck it! (Ariston)
Petra Pinzler: Immer mehr ist nicht genug (Pantheon)
Rebekka Reinhard: Die Sinn-Diät (Ludwig)
Sandra Richter: Lob des Optimisten (C. H. Beck)
Gretchen Rubin: Das Happiness Projekt (Scherz)
Nina Ruge: Alles wird gut (Marion von Schröder)
Ulrich Schnabel: Muße – Vom Glück des Nichtstuns (Blessing)
Herman Scherer: Glückskinder (Campus)
Wilhelm Schmid: Glück (Insel)
Mathias Schreiber: Das Gold in der Seele (Spiegel-Buch)
Wolf Schneider: Glück (Rowohlt)
Suzanne C. Segerstrom: Optimisten denken anders (Huber)
Martin E. P. Seligmann: Der Glücks-Faktor (Bastei Lübbe)
Seneca: Handbuch des glücklichen Lebens (Anaconda)
Bernie Siegel: Prognose Hoffnung (Econ)
Sophie van der Stap: Heute bin ich blond (Droemer Knaur)
Jürgen Todenhöfer: Teile Dein Glück (C. Bertelsmann)
Dieter Thomä, Christoph Henning, Olivia Mitscherlich-Schönherr (Hrsg.): Glück (J. B. Metzler)
Manfred F. R. Kets de Vries: The Happiness Equation (iUniverse, Inc.)
Bronnie Ware: The Top Five Regrets of the Dying (Balboa)
Paul Watzlawick: Anleitung zum Unglücklichsein (Piper)
Eric G. Wilson: Unglücklich glücklich (Klett-Cotta)

Diese Liste umfasst nicht die Philosophiegeschichte wie in »Vom Sinn des Lebens« skizziert, sondern konzentriert sich auf wichtige aktuelle Titel. Zitate im Haupttext stammen aus den hier angegebenen Werken.

Abschied (leider!)

Ich könnte immer weiter schreiben. Das Thema »Glück« ist einfach meines. Sie haben es schon gemerkt ...

Aber je dicker Bücher sind, desto weniger werden sie gelesen. Und ich freue mich über jeden, der bis hierher gekommen ist.

Jetzt bitte nicht vergessen, noch mal den Glückstest zu machen. Und das Ergebnis mit dem vor der Lektüre des Handbuches zum Glück zu vergleichen.

Ich würde wetten, Sie stehen jetzt ganz woanders. Doch egal, ob Ja oder Nein, lassen Sie mich bitte am Ergebnis teilhaben. Schreiben Sie mir einfach kurz unter www.florian-langenscheidt.de.

Und empfehlen das Handbuch anderen, die auch ein wenig mehr Glück brauchen können. Oder sagen bei Facebook: »Gefällt mir.« Und schenken es all ihren Lieben und Freunden und Kollegen und sogar Neidern und Feinden. Damit würden Sie mich ein wenig glücklicher machen. Danke von Herzen!

Ihnen einen Sonnenspaziergang durchs Leben! Tanzen Sie mit dem Schicksal. Jonglieren Sie mit Ihren Ansprüchen. Und finden Sie Ihr Glück. Das nur Ihnen gehört.

Wie hieß es noch in den ersten Zeilen von »Glück lebt nicht im Tresor«?

»Glück hat mit innerem Leuchten zu tun. Mit lächelndem Erinnern. Mit Kinderlachen, Strand und Spaghettikochen. Mit Geheimnissen, Liebe, Abenteuer. Es will die Welt umarmen.«

P.S.: Und Folgendes will meine kleine Tochter Charlotte noch ergänzen:

Hnkhlo,lgkloklkjlgiuzfhejkkekflkgklhkhkhgklf

Der Glückstest

Hier ist der angekündigte Test: »Wie zufrieden sind Sie mit Ihrem Leben?«

Bitte machen Sie ihn einmal vor der Lektüre des Handbuches zum Glück und einmal danach. Sie wollen ja wohl wissen, ob Sie durch das Buch ein bisschen glücklicher geworden sind. Ob die vierundzwanzig Spaziergänge auf der Suche nach dem Glück Sie weitergebracht haben auf der Suche nach Ihrem eigenen.

Der Test wurde von der Weltgesundheitsorganisation WHO entwickelt. Fünfzehn Forschungszentren waren daran beteiligt.

Sie werden gebeten, hundert Fragen zu den Lebensbereichen Physis, Psyche, Unabhängigkeit, soziale Beziehungen, Umwelt, Spiritualität und Lebensqualität zu beantworten. Der Test ermöglicht es sogar, dass Sie Ihre Ergebnisse mit denen anderer Menschen Ihres Alters und Ihres Geschlechts vergleichen.

Haben Sie Freude bei einer kleinen Entdeckungsreise in Ihr Leben während der vergangenen zwei Wochen!

FRAGENKOMPLEX TEST

Wie zufrieden sind Sie mit Ihrem Leben?

- ✚ PHYSIS
- ▼ PSYCHE
- ● UNABHÄNGIGKEIT
- ♥ SOZIALE BEZIEHUNGEN
- ✿ UMWELT
- ★ SPIRITUALITÄT
- ■ LEBENSQUALITÄT

Mithilfe dieses Fragebogens können Sie Ihre subjektiv empfundene Lebensqualität messen – im Vergleich zu anderen Menschen Ihres Alters und Ihres Geschlechts. Entwickelt hat diesen »Quality of Life«-Test die Weltgesundheitsorganisation WHO. 15 Forschungszentren aus verschiedenen Kulturkreisen und Staaten waren daran beteiligt, die entscheidenden Faktoren herauszufiltern. Aus ursprünglich 1800 Fragen haben die Wissenschaftler – unter Einbeziehung von Bürgern – schließlich die 100 wichtigsten Fragen destilliert.

QUELLE: M. C. Angermeyer, R. Kilian, H. Matschinger: WHOQOL-100 und WHOQOL-BREF. Handbuch für die deutschsprachigen Versionen der WHO-Instrumente zur internationalen Erfassung von Lebensqualität, Hogrefe Verlag. Bezug: Testzentrale Göttingen; RECHERCHE: Jochen Paulus; GEO WISSEN, Heft 47/2011: »Glück – Zufriedenheit, Souveränität«, Gruner + Jahr

Test: Wie hoch ist Ihre Lebenszufriedenheit?

Menschen in aller Welt haben recht ähnliche Vorstellungen von Lebensqualität. Wie der Einzelne sie empfindet, kann er allerdings nur für sich selbst beurteilen. Dazu dient der folgende Test.

Anleitung

Auf den folgenden Seiten werden Sie danach gefragt, wie Sie Ihre Lebensqualität, Ihre Gesundheit und andere Bereiche Ihres Lebens beurteilen. Bitte beantworten Sie alle Fragen. Wenn Sie sich bei der Beantwortung einer Frage nicht sicher sind, wählen Sie bitte jene Antwortkategorie, die Ihrer Meinung nach am ehesten zutrifft. Oft ist dies die Kategorie, die Ihnen als erste in den Sinn kommt.

Bitte beantworten Sie alle Fragen auf der Grundlage Ihrer eigenen Beurteilungskriterien, Hoffnungen, Wünsche und Interessen. Bitte denken Sie bei der Beantwortung der Fragen an Ihr Leben während der vergangenen zwei Wochen. Zum Beispiel könnte eine Frage lauten:

	überhaupt nicht	ein wenig	mittelmäßig	ziemlich	äußerst	Dimension
Wie sehr machen Sie sich Sorgen um Ihre Gesundheit?	1	2	3	4	5	✢

Bei dieser Frage sollten Sie jenes Feld ankreuzen, das am besten ausdrückt, wie sehr Sie sich während der vergangenen Wo-

LEBENSZUFRIEDENHEIT TEST

chen um Ihre Gesundheit Sorgen gemacht haben. Wenn Sie sich also »ziemlich« um Ihre Gesundheit gesorgt haben, kreuzen Sie das Feld mit der Zahl 4 an, wenn Sie sich »überhaupt nicht« um Ihre Gesundheit gesorgt haben, kreuzen Sie das Feld mit der Zahl 1 an.

Eine andere Frage könnte so lauten:

	überhaupt nicht	wenig	mittelmäßig	ziemlich viel	äußerst	Dimension
Haben Sie finanzielle Probleme?	5	4	3	2	1	✿

Damit Sie Ihre Werte in allen Dimensionen ermitteln können, finden Sie am Ende jeder Frage ein Kästchen mit einem Symbol. Bitte übertragen Sie die Zahl, die Sie angekreuzt haben, in dieses Kästchen (lassen Sie sich nicht dadurch irritieren, dass die Reihenfolge der Zahlen mitunter wechselt. An erster Stelle steht manchmal eine 5, manchmal eine 1). Nachdem Sie alle Fragen beantwortet haben, können Sie die Werte in den Kästchen mit dem gleichen Symbol zusammenzählen.

Die **sieben Dimensionen** der Lebenszufriedenheit:

- ✚ PHYSIS
- ▼ PSYCHE
- ● UNABHÄNGIGKEIT
- ♥ SOZIALE BEZIEHUNGEN
- ✿ UMWELT
- ★ SPIRITUALITÄT
- ■ LEBENSQUALITÄT

Fragenkomplex 1

In den folgenden Fragen geht es darum, wie stark Sie während der vergangenen zwei Wochen **bestimmte Dinge erlebt haben**, zum Beispiel positive Gefühle wie Glück oder Zufriedenheit. Wenn Sie diese Dinge äußerst stark erlebt haben, dann kreuzen Sie die Zahl in dem Feld »äußerst« an. Wenn Sie diese Dinge überhaupt nicht erlebt haben, dann kreuzen Sie die Zahl in dem Feld »überhaupt nicht« an. Wenn Sie ausdrücken möchten, dass Ihre Antwort zwischen »überhaupt nicht« und »äußerst« liegt, dann kreuzen Sie die Zahl in einem Feld an, das zwischen diesen beiden Extrempunkten liegt.

		überhaupt nicht	ein wenig	mittelmäßig	ziemlich	äußerst	Dimension
1.	Sind Sie durch Schmerzen oder körperliche Beschwerden belastet?	5	4	3	2	1	✚
2.	Wie schwierig ist es für Sie, mit Schmerz oder körperlichen Beschwerden umzugehen?	5	4	3	2	1	✚
3.	Wie stark werden Sie durch Schmerzen daran gehindert, notwendige Dinge zu tun?	5	4	3	2	1	✚
4.	Wie leicht ermüden Sie?	5	4	3	2	1	✚
5.	Wie stark fühlen Sie sich durch Erschöpfung belastet?	5	4	3	2	1	✚
		überhaupt nicht	wenig	mäßig viel	ziemlich viel	äußerst viel	Dimension
6.	Haben Sie Probleme mit dem Schlaf?	5	4	3	2	1	✚

✚ PHYSIS ▼ PSYCHE ● UNABHÄNGIGKEIT ♥ SOZIALE BEZIEHUNGEN

FRAGENKOMPLEX 1 TEST

		überhaupt nicht	ein wenig	mittelmäßig	ziemlich	äußerst	Dimension
7.	Wie sehr fühlen Sie sich durch Schlafprobleme belastet?	5	4	3	2	1	✢
8.	Wie gut können Sie Ihr Leben genießen?	1	2	3	4	5	▼
9.	Wie zuversichtlich sehen Sie in die Zukunft?	1	2	3	4	5	▼
10.	Wie stark erleben Sie positive Gefühle in Ihrem Leben?	1	2	3	4	5	▼
11.	Wie gut können Sie sich konzentrieren?	1	2	3	4	5	▼
12.	Wie sehr schätzen Sie sich selbst?	1	2	3	4	5	▼

		überhaupt keines	wenig	mäßig viel	ziemlich viel	äußerst viel	Dimension
13.	Wie viel Selbstvertrauen haben Sie?	1	2	3	4	5	▼

		überhaupt nicht	ein wenig	mittelmäßig	ziemlich	äußerst	Dimension
14.	Fühlen Sie sich durch Ihr Aussehen gehemmt?	5	4	3	2	1	▼

		überhaupt nicht	wenig	mäßig viel	ziemlich viel	äußerst viel	Dimension
15.	Gibt es etwas an Ihrem Aussehen, das Sie als unangenehm empfinden?	5	4	3	2	1	▼

		überhaupt nicht	ein wenig	mittelmäßig	ziemlich	äußerst	Dimension
16.	Machen Sie sich Sorgen?	5	4	3	2	1	▼
17.	In welchem Ausmaß behindern Gefühle von Traurigkeit oder Depression Sie im täglichen Leben?	5	4	3	2	1	▼
18.	Wie sehr fühlen Sie sich durch depressive Gefühle belastet?	5	4	3	2	1	▼

◉ UMWELT ★ SPIRITUALITÄT ■ LEBENSQUALITÄT

	überhaupt nicht	ein wenig	mittelmäßig	ziemlich	äußerst	Dimension
19. Wie schwer fällt es Ihnen, alltägliche Dinge zu erledigen?	5	4	3	2	1	✚
20. Wie stark belasten Sie Beschränkungen Ihrer Fähigkeit, alltägliche Dinge erledigen zu können?	5	4	3	2	1	✚
21. Wie sehr sind Sie auf Medikamente angewiesen, um das tägliche Leben zu meistern?	5	4	3	2	1	✚
22. Wie sehr sind Sie auf medizinische Behandlung angewiesen, um das tägliche Leben zu meistern?	5	4	3	2	1	✚
23. In welchem Ausmaß hängt Ihre Lebensqualität von Medikamenten oder medizinischen Hilfsmitteln ab?	5	4	3	2	1	✚
24. Fühlen Sie sich einsam in Ihrem Leben?	5	4	3	2	1	♥
25. Wie gut werden Ihre sexuellen Bedürfnisse erfüllt?	1	2	3	4	5	♥
26. Wie stark belasten Sie Probleme Ihres Sexuallebens?	5	4	3	2	1	♥
27. Wie sicher fühlen Sie sich in Ihrem täglichen Leben?	1	2	3	4	5	●
28. Halten Sie die Gegend, in der Sie wohnen, für sicher und ungefährlich?	1	2	3	4	5	●
29. Sind Sie um Ihre persönliche Sicherheit besorgt?	5	4	3	2	1	●
30. Wie angenehm ist Ihr Zuhause?	1	2	3	4	5	●
31. Wie gut gefällt es Ihnen dort, wo Sie leben?	1	2	3	4	5	●
	überhaupt nicht	wenig	mittelmäßig	ziemlich viel	äußerst viel	Dimension
32. Haben Sie finanzielle Probleme?	5	4	3	2	1	●

✚ PHYSIS ▼ PSYCHE ● UNABHÄNGIGKEIT ♥ SOZIALE BEZIEHUNGEN

	überhaupt nicht	ein wenig	mittelmäßig	ziemlich	äußerst	Dimension
33. Machen Sie sich Sorgen um Ihre finanzielle Situation?	5	4	3	2	1	⚙
34. Wie einfach ist es für Sie, eine gute medizinische Versorgung zu erhalten?	1	2	3	4	5	⚙
35. Genießen Sie Ihre Freizeit?	1	2	3	4	5	⚙
36. Wie gesund sind die Umweltbedingungen in Ihrem Wohngebiet?	1	2	3	4	5	⚙
37. Wie stark werden Sie in Ihrem Wohngebiet durch Lärm gestört?	5	4	3	2	1	⚙
	überhaupt nicht	wenig	mittelmäßig	ziemlich viel	äußerst viel	Dimension
38. Haben Sie Probleme mit Beförderungsmitteln?	5	4	3	2	1	⚙
	überhaupt nicht	ein wenig	mittelmäßig	ziemlich	äußerst	Dimension
39. Inwieweit wird Ihr Leben durch schlechte Beförderungsmittel eingeschränkt?	5	4	3	2	1	⚙

Fragenkomplex 2

Hier geht es darum, wie vollständig Sie während der vergangenen zwei Wochen in der Lage waren, bestimmte **Aufgaben zu erledigen**, zum Beispiel alltägliche Verrichtungen wie: sich waschen, sich anziehen oder essen. Wenn Sie vollständig in der Lage waren, diese Dinge zu tun, kreuzen Sie die Zahl in dem Feld »völlig« an. Wenn Sie überhaupt nicht in der Lage waren, diese Dinge zu erledigen, so kreuzen Sie die Zahl in dem Feld »überhaupt nicht« an. Wenn Sie ausdrücken möchten, dass Ihre Antwort zwischen »überhaupt nicht« und »völlig« liegt, dann kreuzen Sie eine Zahl an, die zwischen diesen beiden Extrempunkten liegt.

		überhaupt nicht	eher nicht	halbwegs	überwiegend	völlig	Dimension
40.	Haben Sie genug Energie für das tägliche Leben?	1	2	3	4	5	✚
41.	Können Sie Ihr Aussehen akzeptieren?	1	2	3	4	5	▼
42.	Inwieweit sind Sie fähig, Ihre Alltagsaktivitäten auszuführen?	1	2	3	4	5	●

		überhaupt nicht	eher nicht	in gewissem Ausmaß	überwiegend	völlig	Dimension
43.	Wie stark sind Sie auf Medikamente angewiesen?	5	4	3	2	1	●

		überhaupt nicht	ein wenig	mittelmäßig	ziemlich	äußerst	Dimension
44.	Bekommen Sie von anderen die Unterstützung, die Sie brauchen?	1	2	3	4	5	♥
45.	Können Sie sich auf Ihre Freunde verlassen, wenn Sie sie brauchen?	1	2	3	4	5	♥
46.	Erfüllt die Qualität Ihrer Wohnung Ihre Bedürfnisse?	1	2	3	4	5	❀
47.	Haben Sie genug Geld, um Ihre Bedürfnisse erfüllen zu können?	1	2	3	4	5	❀
48.	Haben Sie Zugang zu den Informationen, die Sie für das tägliche Leben brauchen?	1	2	3	4	5	❀
49.	In welchem Umfang können Sie sich die Informationen verschaffen, die Sie für nötig halten?	1	2	3	4	5	❀

✚ PHYSIS ▼ PSYCHE ● UNABHÄNGIGKEIT ♥ SOZIALE BEZIEHUNGEN

	überhaupt nicht	ein wenig	mittelmäßig	ziemlich	äußerst	Dimension
50. Haben Sie ausreichend Möglichkeiten zu Freizeitaktivitäten?	1	2	3	4	5	⚙

	überhaupt nicht	eher nicht	halbwegs	überwiegend	völlig	Dimension
51. Können Sie sich entspannen und Ihr Leben genießen?	1	2	3	4	5	⚙
52. Stehen Ihnen angemessene Beförderungsmittel zur Verfügung?	1	2	3	4	5	⚙

Fragenkomplex 3

Im Folgenden geht es darum, wie **zufrieden, glücklich oder gut** Sie sich während der vergangenen zwei Wochen hinsichtlich verschiedener Aspekte Ihres Lebens gefühlt haben. Zum Beispiel in Bezug auf Ihr Familienleben oder Ihre Energie. Entscheiden Sie, wie zufrieden oder unzufrieden Sie mit jedem dieser Aspekte Ihres Lebens sind, und kreuzen Sie jene Zahl an, die am besten mit Ihrem Gefühl übereinstimmt.

	sehr unzufrieden	unzufrieden	weder zufrieden noch unzufrieden	zufrieden	sehr zufrieden	Dimension
53. Wie zufrieden sind Sie mit der Qualität Ihres Lebens?	1	2	3	4	5	▪
54. Wie sind Sie im Allgemeinen mit Ihrem Leben zufrieden?	1	2	3	4	5	▪

⚙ UMWELT   ★ SPIRITUALITÄT   ▪ LEBENSQUALITÄT

	sehr unzu- frieden	unzu- frieden	weder zufrie- den noch unzu- frieden	zufrie- den	sehr zufrie- den	Dimen- sion
55. Wie zufrieden sind Sie mit Ihrer Gesundheit?	1	2	3	4	5	■
56. Wie zufrieden sind Sie mit der Energie, die Sie haben?	1	2	3	4	5	✚
57. Wie zufrieden sind Sie mit Ihrem Schlaf?	1	2	3	4	5	✚
58. Wie zufrieden sind Sie mit Ihrer Fähigkeit, neues Wissen zu erwerben?	1	2	3	4	5	▼
59. Wie zufrieden sind Sie mit Ihrer Fähigkeit, Entscheidungen zu treffen?	1	2	3	4	5	▼
60. Wie zufrieden sind Sie mit sich selbst?	1	2	3	4	5	▼
61. Wie zufrieden sind Sie mit Ihren Fähigkeiten?	1	2	3	4	5	▼
62. Wie zufrieden sind Sie mit Ihrem Aussehen?	1	2	3	4	5	▼
63. Wie zufrieden sind Sie mit Ihrer Fähigkeit, alltägliche Dinge erledigen zu können?	1	2	3	4	5	●
64. Wie zufrieden sind Sie mit Ihren persönlichen Beziehungen?	1	2	3	4	5	♥
65. Wie zufrieden sind Sie mit Ihrem Sexualleben?	1	2	3	4	5	♥
66. Wie zufrieden sind Sie mit der Unterstützung durch Ihre Familie?	1	2	3	4	5	♥
67. Wie zufrieden sind Sie mit der Unterstützung durch Ihre Freunde?	1	2	3	4	5	♥
68. Wie zufrieden sind Sie mit Ihrer Fähigkeit, für andere zu sorgen oder sie unterstützen zu können?	1	2	3	4	5	♥

✚ PHYSIS ▼ PSYCHE ● UNABHÄNGIGKEIT ♥ SOZIALE BEZIEHUNGEN

FRAGENKOMPLEX 3

	sehr unzufrieden	unzufrieden	weder zufrieden noch unzufrieden	zufrieden	sehr zufrieden	Dimension
69. Wie zufrieden sind Sie mit Ihrer persönlichen Sicherheit?	1	2	3	4	5	⚙
70. Wie zufrieden sind Sie mit Ihren Wohnbedingungen?	1	2	3	4	5	⚙
71. Wie zufrieden sind Sie mit Ihrer finanziellen Situation?	1	2	3	4	5	⚙
72. Wie zufrieden sind Sie mit Ihren Möglichkeiten, Gesundheitsdienste in Anspruch nehmen zu können?	1	2	3	4	5	⚙
73. Wie zufrieden sind Sie mit den Leistungen der Sozialdienste?	1	2	3	4	5	⚙
74. Wie zufrieden sind Sie mit Ihren Möglichkeiten, neue Fertigkeiten zu erwerben?	1	2	3	4	5	⚙
75. Wie zufrieden sind Sie mit Ihren Möglichkeiten, an neue Informationen zu gelangen?	1	2	3	4	5	⚙
76. Wie zufrieden sind Sie damit, wie Sie Ihre Freizeit verbringen?	1	2	3	4	5	⚙
77. Wie zufrieden sind Sie mit den Umweltbedingungen dort, wo Sie leben (z. B. Verschmutzung, Klima, Lärm, Attraktivität)?	1	2	3	4	5	⚙
78. Wie zufrieden sind Sie mit den klimatischen Bedingungen dort, wo Sie leben?	1	2	3	4	5	⚙
79. Wie zufrieden sind Sie mit den Beförderungsmitteln, die Ihnen zur Verfügung stehen?	1	2	3	4	5	⚙

⚙ UMWELT ★ SPIRITUALITÄT ■ LEBENSQUALITÄT

	sehr unglücklich	relativ unglücklich	weder glücklich noch unglücklich	relativ glücklich	sehr glücklich	Dimension
80. Sind Sie glücklich in der Beziehung zu Ihrer Familie?	1	2	3	4	5	♥

	sehr schlecht	schlecht	mittelmäßig	gut	sehr gut	Dimension
81. Wie würden Sie Ihre Lebensqualität beurteilen?	1	2	3	4	5	■
82. Wie würden Sie Ihr Sexualleben einschätzen?	1	2	3	4	5	♥
83. Wie gut ist Ihr Schlaf?	1	2	3	4	5	✚
84. Wie würden Sie Ihr Gedächtnis beurteilen?	1	2	3	4	5	▼
85. Wie würden Sie die Qualität der Ihnen zur Verfügung stehenden Sozialdienste beurteilen?	1	2	3	4	5	●

Fragenkomplex 4

Nun geht es darum, wie oft Sie **bestimmte Dinge gefühlt oder erlebt haben**, zum Beispiel Unterstützung durch Ihre Familie und Ihre Freunde oder negative Erfahrungen wie Unsicherheitsgefühle. Wenn Sie so etwas in den vergangenen zwei Wochen überhaupt nicht erlebt haben, dann kreuzen Sie die Zahl in dem Feld »niemals« an. Wenn Sie diese Dinge erlebt haben, entscheiden Sie, wie häufig das war, und kreuzen das Feld mit der entsprechenden Zahl an. Wenn Sie zum Beispiel in den vergangenen zwei Wochen dauernd Schmerzen hatten, kreuzen Sie die Zahl in dem Feld »immer« an.

	niemals	nicht oft	zeitweilig	oftmals	immer	Dimension
86. Wie häufig leiden Sie an Schmerzen?	5	4	3	2	1	✙
87. Fühlen Sie sich im Allgemeinen zufrieden?	1	2	3	4	5	▼
88. Wie häufig haben Sie negative Gefühle wie Traurigkeit, Verzweiflung, Angst oder Depression?	5	4	3	2	1	▼

Fragenkomplex 5

In den folgenden Fragen geht es um jegliche »**Arbeit**«, **die Sie verrichten**. Mit Arbeit sind hier alle wesentlichen Aktivitäten gemeint, die Sie ausführen. Dazu gehören ehrenamtliche Tätigkeiten, Vollzeitstudium, Hausarbeit, Kinderbetreuung, bezahlte oder unbezahlte Arbeit. Mit Arbeit sind hier also jene Aktivitäten gemeint, in die Sie einen großen Teil Ihrer Zeit und Ihrer Energie investieren. Auch diese Fragen beziehen sich auf die vergangenen zwei Wochen.

	überhaupt nicht	eher nicht	halbwegs	überwiegend	völlig	Dimension
89. Sind Sie fähig, zu arbeiten?	1	2	3	4	5	●
90. Fühlen Sie sich in der Lage, Ihre alltäglichen Aufgaben zu erfüllen?	1	2	3	4	5	●

✿ UMWELT   ★ SPIRITUALITÄT   ■ LEBENSQUALITÄT

		sehr unzufrieden	unzufrieden	weder zufrieden noch unzufrieden	zufrieden	sehr zufrieden	Dimension
91.	Wie zufrieden sind Sie mit Ihrer Arbeitsfähigkeit?	1	2	3	4	5	●

		sehr schlecht	schlecht	mittelmäßig	gut	sehr gut	Dimension
92.	Wie würden Sie Ihre Arbeitsfähigkeit einschätzen?	1	2	3	4	5	●

Fragenkomplex 6

Hier geht es darum, wie gut Sie während der vergangenen zwei Wochen **in der Lage waren, sich fortzubewegen**.
Gemeint ist damit Ihre Fähigkeit, sich so zu bewegen, dass Sie all jenes, was Sie erledigen möchten, ebenso tun können wie die Dinge, die Sie tun müssen.

		sehr schlecht	schlecht	mittelmäßig	gut	sehr gut	Dimension
93.	Wie gut können Sie sich fortbewegen?	1	2	3	4	5	●

		überhaupt nicht	ein wenig	mittelmäßig	ziemlich	äußerst	Dimension
94.	Wie stark sind Sie durch Probleme mit der Fortbewegung beeinträchtigt?	5	4	3	2	1	●
95.	In welchem Ausmaß beeinflussen Einschränkungen der Fortbewegungsfähigkeit Ihre Lebensweise?	5	4	3	2	1	●

✚ PHYSIS ▼ PSYCHE ● UNABHÄNGIGKEIT ♥ SOZIALE BEZIEHUNGEN

	überhaupt nicht	unzufrieden	weder zufrieden noch unzufrieden	zufrieden	sehr zufrieden	Dimension
96. Wie zufrieden sind Sie damit, wie Sie sich fortbewegen können?	1	2	3	4	5	●

Fragenkomplex 7

In den folgenden Fragen geht es um **Ihre persönlichen Überzeugungen** und darum, wie diese Ihre Lebensqualität beeinflussen. Diese Fragen beziehen sich auf religiöse, spirituelle und jegliche andere Überzeugungen, die Sie haben. Auch hier geht es um die vergangenen zwei Wochen.

	überhaupt nicht	ein wenig	mittelmäßig	ziemlich	äußerst	Dimension
97. Verleihen Ihre persönlichen Überzeugungen Ihrem Leben einen Sinn?	1	2	3	4	5	★
98. Betrachten Sie Ihr Leben als sinnvoll?	1	2	3	4	5	★
99. Geben Ihnen Ihre persönlichen Überzeugungen Kraft, Schwierigkeiten durchzustehen?	1	2	3	4	5	★
100. In welchem Maße helfen Ihnen Ihre persönlichen Überzeugungen, die Schwierigkeiten des Lebens zu verstehen?	1	2	3	4	5	★

❀ UMWELT   ★ SPIRITUALITÄT   ■ LEBENSQUALITÄT

Auswertung

Nachdem Sie die 100 Fragen beantwortet und die Punkte notiert haben, addieren Sie bitte die Punkte für jedes der sieben Symbole separat – und übertragen Sie den jeweiligen Punktwert in die folgenden Kästchen mit dem entsprechenden Symbol. Jedes Symbol steht für einen bestimmten Bereich der Lebenszufriedenheit.

In einem weiteren Schritt können Sie dann Ihre Werte mit denen Hunderter anderer Deutscher vergleichen, die diesen Test bereits gemacht haben und als Vergleichsgruppe dienen: um herauszufinden, ob Ihre Zufriedenheit und Ihre Beschwerden im normalen Rahmen liegen, ob es Ihnen schlechter als anderen Menschen Ihres Alters und Geschlechts geht oder ob Sie vielleicht glücklicher sind als der Durchschnitt.

Die Bedeutung der sieben Dimensionen

✢ **PHYSIS** Beim körperlichen Wohlbefinden signalisieren hohe Werte, dass Sie wenig oder gar nicht unter Schmerzen und anderen körperlichen Beschwerden leiden. Gesunder Schlaf schenkt Ihnen Erholung, und Sie können sich auch sonst gut entspannen. Sie verspüren genügend Energie, die Aufgaben des täglichen Lebens zu bewältigen und Ihre Freizeit zu genießen.

AUSWERTUNG TEST

▼ **PSYCHE** Hohe Werte bedeuten, dass positive Gefühle wie Glück, Hoffnung und Freude in Ihrem Leben überwiegen. Keine große Rolle spielen Sorgen, Angst und Schuldgefühle. Sie haben keine Probleme, sich zu konzentrieren und Neues zu lernen. Mit Ihrem Aussehen sind Sie zufrieden, und Sie verfügen über ein gesundes Selbstbewusstsein.

● **UNABHÄNGIGKEIT** Ihr Unabhängigkeitswert ist umso höher, je weniger Sie auf Hilfe anderer angewiesen sind. Hohe Werte zeigen, dass Sie sich – unabhängig vom Fortbewegungsmittel – frei bewegen können. Sie sind in der Lage zu arbeiten. Auch sonst sind Sie den Anforderungen des Lebens gewachsen. Medikamente brauchen Sie nicht oder kaum.

♥ **SOZIALE BEZIEHUNGEN** Gute soziale Beziehungen zu haben bedeutet beispielsweise, Liebe und Unterstützung von anderen zu erfahren und für andere da zu sein. Dabei ist es wichtig, dass die Anforderungen an Sie nicht zu hoch sind, weil Sie etwa einen Angehörigen alleine pflegen müssen. Auch ein befriedigendes Sexualleben gehört zu guten sozialen Beziehungen.

✿ **UMWELT** Für ein Leben in Wohlbefinden ist es wichtig, dass Sie nicht unter schlechten Umweltbedingungen leiden. Ein hoher Wert bedeutet, dass Sie sich in Ihrer Wohnung wohlfühlen und in Ihrer Gegend ein Gefühl der Sicherheit haben. Bei Bedarf ist Ihre soziale und medizinische Versorgung gesichert. Sie können sich informieren und weiterbilden.

✿ UMWELT ★ SPIRITUALITÄT ■ LEBENSQUALITÄT

★ **SPIRITUALITÄT** Die meisten Menschen fühlen sich nur dann gut, wenn sie in ihrem Leben einen Sinn sehen. Bei einem hohen Wert legen Sie großen Wert auf die Zugehörigkeit zu einer Gemeinschaft, auf persönliche Überzeugungen oder Ihren Glauben. Allerdings sollten dadurch keine so starken Zwänge entstehen, dass Sie darunter leiden.

■ **LEBENSQUALITÄT** Die vier Fragen mit diesem Symbol im Fragenkomplex 3 erfassen, wie zufrieden Sie mit Ihrem Leben insgesamt sind – mit der Gesundheit, aber auch der Lebensqualität. Interessant an Ihrem Wert ist vor allem, wie es um Ihre Lebenszufriedenheit im Vergleich zu anderen steht, die das gleiche Geschlecht haben und ähnlich alt sind.

Ergebnis nach Alter und Geschlecht

Auf dieser Seite oder einer der Folgeseiten können Sie für Ihr Alter und Geschlecht die Auswertung vornehmen. Markieren Sie mit einem senkrechten Strich Ihren persönlichen Wert in den sieben Dimensionen. Sie sehen dann, wie stark Sie vom Mittelwert abweichen. Die gefetteten Zahlen geben den Durchschnitt an. Die beiden Nachbarzahlen markieren den Bereich, in dem etwa zwei Drittel Ihrer Altersgruppe liegen; Werte in diesem Bereich gelten als normal. Im Bereich zwischen den beiden äußeren Zahlen liegen 95 Prozent aller Befragten. Wer sich außerhalb davon wiederfindet, hat einen ausgesprochen negativen beziehungsweise positiven Wert in der jeweiligen Dimension.

AUSWERTUNG TEST

MÄNNER bis 25 Jahre

✤ Physis

| 43 | 46 | **50** | 53 | 57 |

▼ Psyche

| 61 | 68 | **75** | 82 | 88 |

● Unabhängigkeit

| 58 | 65 | **72** | 80 | 87 |

♥ Soz. Beziehungen

| 34 | 39 | **44** | 50 | 55 |

✿ Umwelt

| 97 | 108 | **119** | 131 | 142 |

★ Spiritualität

| 5 | 9 | **13** | 17 | 21 |

■ Lebensqualität

| 12 | 14 | **15** | 17 | 18 |

FRAUEN bis 25 Jahre

✤ Physis

| 32 | 39 | **46** | 52 | 59 |

▼ Psyche

| 53 | 63 | **73** | 83 | 93 |

● Unabhängigkeit

| 58 | 64 | **71** | 77 | 83 |

♥ Soz. Beziehungen

| 32 | 39 | **45** | 51 | 57 |

✿ Umwelt

| 90 | 104 | **118** | 131 | 145 |

★ Spiritualität

| 10 | 12 | **15** | 17 | 19 |

■ Lebensqualität

| 11 | 13 | **15** | 17 | 20 |

MÄNNER, 26 bis 35 Jahre

✤ Physis

| 34 | 41 | **48** | 55 | 62 |

▼ Psyche

| 54 | 65 | **75** | 86 | 97 |

● Unabhängigkeit

| 51 | 60 | **70** | 80 | 89 |

♥ Soz. Beziehungen

| 31 | 39 | **46** | 54 | 62 |

✿ Umwelt

| 89 | 103 | **118** | 132 | 147 |

★ Spiritualität

| 7 | 11 | **15** | 19 | 23 |

■ Lebensqualität

| 9 | 12 | **15** | 18 | 20 |

FRAUEN, 26 bis 35 Jahre

✤ Physis

| 34 | 40 | **46** | 52 | 58 |

▼ Psyche

| 55 | 64 | **74** | 83 | 92 |

● Unabhängigkeit

| 57 | 64 | **71** | 77 | 84 |

♥ Soz. Beziehungen

| 33 | 40 | **46** | 53 | 60 |

✿ Umwelt

| 88 | 103 | **117** | 132 | 147 |

★ Spiritualität

| 9 | 12 | **15** | 18 | 21 |

■ Lebensqualität

| 10 | 12 | **15** | 18 | 20 |

✿ UMWELT   ★ SPIRITUALITÄT   ■ LEBENSQUALITÄT

MÄNNER, 36 bis 45 Jahre

✢ Physis

| 28 | 36 | 44 | 53 | 61 |

▼ Psyche

| 56 | 66 | 76 | 85 | 95 |

● Unabhängigkeit

| 51 | 61 | 70 | 79 | 88 |

♥ Soz. Beziehungen

| 30 | 38 | 46 | 54 | 62 |

✺ Umwelt

| 92 | 105 | 119 | 133 | 146 |

★ Spiritualität

| 9 | 12 | 16 | 19 | 22 |

■ Lebensqualität

| 9 | 12 | 15 | 17 | 20 |

FRAUEN, 36 bis 45 Jahre

✢ Physis

| 31 | 39 | 46 | 53 | 60 |

▼ Psyche

| 49 | 61 | 74 | 87 | 99 |

● Unabhängigkeit

| 52 | 60 | 69 | 78 | 86 |

♥ Soz. Beziehungen

| 33 | 40 | 47 | 53 | 60 |

✺ Umwelt

| 92 | 106 | 119 | 133 | 146 |

★ Spiritualität

| 9 | 12 | 15 | 19 | 22 |

■ Lebensqualität

| 10 | 12 | 15 | 18 | 20 |

MÄNNER, 46 bis 55 Jahre

✢ Physis

| 27 | 36 | 45 | 53 | 62 |

▼ Psyche

| 55 | 66 | 76 | 87 | 97 |

● Unabhängigkeit

| 41 | 53 | 66 | 78 | 91 |

♥ Soz. Beziehungen

| 32 | 39 | 47 | 54 | 61 |

✺ Umwelt

| 87 | 103 | 120 | 136 | 152 |

★ Spiritualität

| 10 | 12 | 15 | 18 | 20 |

■ Lebensqualität

| 9 | 12 | 15 | 17 | 20 |

FRAUEN, 46 bis 55 Jahre

✢ Physis

| 26 | 34 | 42 | 51 | 59 |

▼ Psyche

| 48 | 61 | 74 | 87 | 99 |

● Unabhängigkeit

| 38 | 52 | 65 | 79 | 92 |

♥ Soz. Beziehungen

| 28 | 37 | 45 | 54 | 63 |

✺ Umwelt

| 97 | 112 | 127 | 142 | 157 |

★ Spiritualität

| 6 | 10 | 14 | 19 | 23 |

■ Lebensqualität

| 8 | 11 | 15 | 18 | 22 |

MÄNNER, 56 bis 65 Jahre

✤ Physis

| 27 | 36 | 44 | 53 | 61 |

▼ Psyche

| 60 | 68 | **77** | 85 | 93 |

● Unabhängigkeit

| 42 | 53 | **65** | 76 | 88 |

♥ Soz. Beziehungen

| 32 | 38 | 45 | 52 | 58 |

✿ Umwelt

| 98 | 112 | **125** | 138 | 152 |

★ Spiritualität

| 9 | 12 | 15 | 19 | 22 |

■ Lebensqualität

| 10 | 12 | 15 | 17 | 20 |

FRAUEN, 56 bis 65 Jahre

✤ Physis

| 26 | 35 | 43 | 51 | 60 |

▼ Psyche

| 56 | 65 | **74** | 83 | 92 |

● Unabhängigkeit

| 40 | 52 | **64** | 75 | 87 |

♥ Soz. Beziehungen

| 33 | 39 | 45 | 52 | 58 |

✿ Umwelt

| 92 | 106 | **120** | 134 | 147 |

★ Spiritualität

| 9 | 12 | 15 | 18 | 21 |

■ Lebensqualität

| 10 | 12 | 15 | 17 | 19 |

MÄNNER, 66 bis 75 Jahre

✤ Physis

| 27 | 36 | 45 | 54 | 63 |

▼ Psyche

| 52 | 64 | **77** | 90 | 103 |

● Unabhängigkeit

| 34 | 49 | **63** | 77 | 91 |

♥ Soz. Beziehungen

| 31 | 38 | 45 | 53 | 60 |

✿ Umwelt

| 91 | 108 | **124** | 141 | 158 |

★ Spiritualität

| 8 | 11 | 15 | 18 | 22 |

■ Lebensqualität

| 9 | 12 | 15 | 18 | 21 |

FRAUEN, 66 bis 75 Jahre

✤ Physis

| 26 | 35 | 43 | 52 | 61 |

▼ Psyche

| 54 | 64 | **75** | 85 | 95 |

● Unabhängigkeit

| 37 | 49 | **61** | 73 | 85 |

♥ Soz. Beziehungen

| 28 | 36 | 44 | 51 | 59 |

✿ Umwelt

| 89 | 105 | **121** | 137 | 154 |

★ Spiritualität

| 9 | 12 | 15 | 17 | 20 |

■ Lebensqualität

| 10 | 12 | 15 | 17 | 20 |

✿ UMWELT   ★ SPIRITUALITÄT   ■ LEBENSQUALITÄT

MÄNNER über 75 Jahre

Physis

| 22 | 31 | 40 | 49 | 58 |

Psyche

| 57 | 66 | 74 | 82 | 91 |

Unabhängigkeit

| 25 | 38 | 52 | 66 | 80 |

Soz. Beziehungen

| 26 | 33 | 40 | 47 | 54 |

Umwelt

| 91 | 104 | 118 | 132 | 146 |

Spiritualität

| 10 | 12 | 14 | 17 | 19 |

Lebensqualität

| 11 | 12 | 14 | 16 | 18 |

FRAUEN über 75 Jahre

Physis

| 15 | 25 | 35 | 45 | 54 |

Psyche

| 40 | 52 | 63 | 75 | 86 |

Unabhängigkeit

| 10 | 27 | 45 | 62 | 80 |

Soz. Beziehungen

| 29 | 35 | 42 | 48 | 54 |

Umwelt

| 80 | 96 | 113 | 129 | 146 |

Spiritualität

| 2 | 7 | 12 | 16 | 21 |

Lebensqualität

| 7 | 10 | 13 | 16 | 19 |

Hintergrund
Die Bedeutung Ihres Testergebnisses

Welche Relevanz hat das Ergebnis für Sie?

Da der WHO-Test allein die *subjektive Selbsteinschätzung* der Befragten erfasst, kann er selbstverständlich keine medizinische Diagnose stellen. Hinweise auf mögliche Probleme liefert er aber dennoch. Wer auffällig niedrige Werte hat – also Werte, die extrem links auf den Ergebnisskalen liegen –, sollte überlegen, woran das liegen könnte.

Sind die eigenen Ansprüche in den entsprechenden Bereichen vielleicht zu hoch? Dann sollte man versuchen, sich mehr über das zu freuen, was man erreicht hat, statt sich über unerfüllte Erwartungen zu grämen. Oder ist die eigene Lage tatsächlich ungewöhnlich schlecht?

Falls eher die äußeren Umstände verantwortlich sind, stellt sich die Frage, ob sich die nicht ändern lassen. Aufgeschlüsselt auf die jeweiligen Dimensionen könnte das bestimmte – auf den ersten Blick etwas trivial anmutende, aber dennoch wichtige – Konsequenzen nach sich ziehen.

♥ **Soziale Beziehungen:** Ein sehr niedriger Wert in dieser Dimension bedeutet, dass der Kontakt zu anderen Menschen gering und wenig zufriedenstellend ist. Ein solches Ergebnis könnte beispielsweise Anstoß dafür sein, aktiver auf andere Menschen zuzugehen oder auch einem Verein beizutreten.

▼ **Psyche:** Wer hier einen sehr niedrigen Wert hat, also häufig von Sorgen und Ängsten geplagt wird, sollte erwägen, einen Psychologen aufzusuchen.

✿ UMWELT ★ SPIRITUALITÄT ■ LEBENSQUALITÄT

● **Umwelt:** Sind die Lebensbedingungen im persönlichen Umfeld ungewöhnlich schlecht – etwa durch ein mangelndes Sicherheitsgefühl am Wohnort –, sollte eventuell ein Umzug in Betracht gezogen werden.

✚ **Physis:** Wer sich sehr unwohl fühlt – beispielsweise häufig Schmerzen hat oder schlecht schläft –, sollte überlegen, ob er ärztlichen Rat benötigt.

★ **Spiritualität:** Ist dieser Wert sehr gering, der Wunsch nach einem stärkeren Lebenssinn aber vorhanden, wäre der Kontakt zu einer Gemeinschaft sinnvoll; das kann ebenso eine Kirche sein wie eine Bürgerinitiative oder Partei.

● **Unabhängigkeit:** Wer etwa ständig auf Medikamente angewiesen ist und wessen Unabhängigkeit stark darunter leidet, der könnte daran denken, seine Lebensweise zu verändern (was natürlich nicht in allen Fällen möglich ist).

■ **Lebensqualität:** Wer hier einen niedrigen Wert hat, ist mit seinem Leben und/oder seiner Gesundheit im Allgemeinen unzufrieden. Dies sollte ein Anstoß sein, die näheren Ursachen der allgemeinen Unzufriedenheit für sich einzugrenzen und sich mit diesen auseinanderzusetzen.

Wann ist ein niedriger Wert besonders bedenklich?

Jemand, der etwa an einer Depression erkrankt ist und einen schlechten Wert in der Dimension »Psyche« hat, leidet meist auch in den Bereichen »Soziale Beziehungen«, »Umwelt« und »Spiritualität«. Körperlich kranke Menschen dagegen fühlen sich oftmals zwar in ihrer Unabhängigkeit eingeschränkt, und auch psychisch geht es ihnen nicht so gut wie Gesunden, doch verspüren sie in den übrigen Dimensionen meist keine Defizite.

Ist die subjektive Lebensqualität tatsächlich wichtig?

An *objektiv* schlechte Umstände können sich Menschen erstaunlich gut anpassen. Ist aber die *subjektive* Lebensqualität sehr niedrig, leidet der Betroffene stark darunter – ganz gleich, ob es ihm tatsächlich sehr schlecht geht. Umgekehrt garantiert eine robuste Gesundheit keineswegs Wohlbefinden, denn viele Menschen sind so an sie gewöhnt, dass sie ihre Gesundheit als selbstverständlich hinnehmen. Insofern beeinflusst die subjektive Lebensqualität das Wohlbefinden stärker als der objektive Gesundheitszustand.

Wie gesund sich jemand fühlt, ist sogar mit entscheidend dafür, wie lange jemand lebt; das heißt, bei objektiv vergleichbarem Gesundheitszustand lebt jener Mensch im Schnitt länger, der sich gesünder fühlt.

Woher weiß man, dass der Test die richtigen Fragen stellt?

15 Forschungszentren aus mehreren Ländern sind der Frage nachgegangen, welche Lebensbereiche für die Zufriedenheit entscheidend sind. Wissenschaftler in Bangkok waren daran beteiligt wie deren Kollegen in St. Petersburg, israelische Forscher ebenso wie solche aus Simbabwe. Die Fragen haben die Forscher gemeinsam mit Bürgern erarbeitet; auch an der Zuordnung der Fragen zu den Dimensionen waren Laien beteiligt. Auf diese Weise kamen 1800 Fragen zusammen, aus denen in Testläufen mit fast 5000 Teilnehmern die 100 aussagekräftigsten herausdestilliert wurden. Den Fragebogen gibt es heute in Dutzenden von Sprachen.

Woher wissen die Experten, was zu einem guten Leben gehört?

Die Menschen in aller Welt haben recht ähnliche Vorstellungen davon, was Lebensqualität ausmacht. So halten fast alle die Fähigkeit, alltägliche Dinge unbeschwert erledigen zu können, für das Wichtigste – unabhängig von Geschlecht, Alter und Gesundheitszustand. Dagegen landet ein erfülltes Sexualleben auf dem letzten Platz in Sachen Lebenszufriedenheit, obwohl Männern daran etwas mehr gelegen ist als Frauen. Die wiederum schätzen Sicherheit, Schlaf und das eigene Aussehen mehr, als Männer dies tun.

Weshalb hat die WHO diesen Test entwickelt?

Die Weltgesundheitsorganisation ist bekannt für ihren Kampf gegen Krankheiten, doch ihre Ziele sind umfassender. In ihrer Verfassung heißt es: »Die Gesundheit ist ein Zustand des vollständigen körperlichen, geistigen und sozialen Wohlergehens und nicht nur das Fehlen von Krankheit oder Gebrechen.« Insofern war es durchaus folgerichtig, dass die WHO vor einigen Jahren diesen »Quality of Life«-Test entwickelt hat.

Oft ist das Glück nur eine Frage weit entfernt

Was habe ich heute für mein Glück getan? Womit hat mich das Leben total überrascht – und womit aus der Bahn geworfen? Wofür bin ich besonders dankbar? Welche Episoden aus meinem Leben möchte ich irgendwann mal meinen Kindern oder Enkeln erzählen? Eine Fülle von Fragen, die dazu anregen, über das eigene Leben nachzudenken und dem persönlichen Glück auf die Spur zu kommen. Dieses Buch bietet Ihnen viel Platz, um Ihre Gedanken und Antworten aufzuschreiben, denn Glück ist so individuell und einzigartig wie der Mensch, der es empfindet.

Heyne Hardcover
ISBN 978-3-453-20083-8

Auch als E-Book erhältlich

Leseprobe unter heyne.de

HEYNE ‹

In der Ruhe liegt die Kraft

Bücher für ein entspanntes und schönes Leben

978-3-453-60126-0

Jörg W. Knoblauch /
Johannes Hüger /
Marcus Mockler
Dem Leben Richtung geben
In drei Schritten zu einer selbstbestimmten Zukunft
978-3-453-60126-0

Tom Hodgkinson
Die Kunst, frei zu sein
Handbuch für ein schönes Leben
978-3-453-63004-8

Lothar Seiwert
Die Bären-Strategie
In der Ruhe liegt die Kraft
978-3-453-61000-2

Rebekka Reinhard
Die Sinn-Diät
Warum wir schon alles haben, was wir brauchen – Philosophische Rezepte für ein erfülltes Leben
978-3-453-60196-3

Leseproben unter **www.heyne.de**

Für ein schönes Leben

978-3-453-63004-8

Tom Hodgkinson, Experte für Müßiggang, Genuss und Gelassenheit, nimmt sich die negativen Erscheinungen unseres modernen Lebens vor: Erfolgsdruck, Versagensangst, Gier, Einsamkeit. Mit der für ihn typischen Mischung aus Humor, enzyklopädischem Wissen und Zitaten führt er vor, wie man sich aus diesen Zwängen befreien kann – und liefert einen verblüffend einfachen und vergnüglichen Entwurf für ein glücklicheres Leben.

Leseprobe unter **www.heyne.de**

Besuchen Sie den Heyne Verlag im Social Web

Facebook
www.heyne.de/facebook

Twitter
www.heyne.de/twitter

Google+
www.heyne.de/google+

YouTube
www.heyne.de/youtube

www.heyne.de